人間の証明

── 勾留226日と私の生存権について ──

まえがき

八十歳を超えて新しい人生を生きるということがある。五輪汚職をめぐり無実の罪で逮捕され、二百二十六日間の過酷な勾留生活を強いられたことで、私はそのことを知った。保釈後、残りの人生を懸けて私は新たな闘いを始めた。ちょうど八十歳になった年だった。

「東京2020オリンピック・パラリンピック」をめぐっては、開催前から迷走が続いた。建築家ザハ・ハディド氏のデザインによる主会場建設計画の白紙撤回。公式エンブレムの盗用疑惑による使用中止。フランス司法当局は二〇一八年、五輪招致をめぐる贈賄容疑で竹田恆和・日本オリンピック委員会（JOC）会長に対する捜査を始め、森喜朗元首相が性差別発言により大会組織委員会の会長を辞任した。最大の波乱は新型コロナウイルス流行による近代五輪史上初の大会延期だろう。

二〇二一年夏の大会開催後も混乱は続いた。大会のスポンサー選定をめぐる汚職事件が浮上したのだ。東京地検特捜部は二二年、スポンサー企業から賄賂を受け取った疑いで電通出身の組織委員会元理事を逮捕し、事件は複数のスポンサー企業や大手広告会社に広がった。

逮捕・起訴された計十五人のうちの一人が当時、出版社KADOKAWAの会長だった私である。部下と共謀のうえ元理事に賄賂を渡してスポンサー選定を依頼したという疑いだった。

私の父がKADOKAWAの前身の角川書店を創業したのは、一九四五年の敗戦直後のことだった。次男の私は九三年の社長就任後、経営の多角化や業務提携を進め、会社を出版、映画、アニメ、ゲーム、ウェブなど多様なサービスを提供する日本有数の総合メディア企業に成長させた。

会社の発展だけに心を砕いてきた私にとって、逮捕は青天の霹靂だった。逮捕から一貫して容疑を否認し、無罪を主張した。事件は利権が渦巻く「東京五輪の闇」に迫るものとして注目されたが、私には日本の「刑事司法の闇」を骨身で思い知る極限の体験となった。

日本では、被疑者の取り調べ時には弁護士の立ち会いが許されず、家族との面会も制限される。無罪を主張したり黙秘したりすると、容疑を認める自白を引き出すために起訴後も長期間の身体拘束が続く。私の保釈請求は何度も却下され、十五人の中で最も長く勾留されることになった。

拘置所では二十四時間監視のもと、あらゆる自由が制限され、折りたたんだ布団に寝転ぶことも許されない。こうした実態は被疑者・被告人の身体を人質にして有罪判決を導くためのものとして刑事司法の世界で「人質司法」と呼ばれ、日本独自の仕組みとして国際的にも繰り返し批判されてきた。

当時、七十九歳だった私は心臓に持病を抱え、勾留中に三度倒れ、二度入院した。医師からは「生きている間はここを出られない」と告げられた。

この手記は私の無罪を訴えるためのものではない。それはこれから始まる刑事裁判で争うことになる。保釈中の身でこうして筆を執ったのは、私の体験を通して、拷問とも呼べる人質司法の非人道性、違法性を広く世に問いたいと考えたからである。

日本では有罪が確定するまで無罪として扱われるはずの被疑者・被告人の尊厳と人権は長らく蹂躙(じゅうりん)され、これまで数え切れない人たちがその犠牲となってきた。この異常な刑事司法制度を一日も早く廃絶しなければならない。

その第一歩として、人質司法は日本国憲法と国際人権法に違反するとして国を相手に「人質司法違憲訴訟」を初めて提起することを私は決意した。同時に国連人権理事会の恣意的拘禁作業部会における個人通報制度によって、私の自由拘束に対する救済を申し立てた。


国内外の世論に広く訴えるために、本書は日本語版と英語版の世界同時発売という異例のスタイルをとることになった。第一部は逮捕前後から拘置所生活を経て保釈までのドキュメント、第二部は人質司法をめぐる課題と展望を記した。

実現すべきは人質司法を禁止する法律の制定と、その犠牲となって地位や名誉、財産を失った人々を救済する補償制度の創設である。本書がその目標に近づく一助となることを願う。

闘いは長く苦しいものとなるだろう。しかし、日本が真の民主主義国となるために、私は残された自分の人生を捧げる覚悟である。

Contents

第三章　獄　窓

第四章　生　還

第二部

第一章　人質司法

第二章　公共訴訟へ

この本を佐藤優さんと五人の友人たちに捧ぐ

第一部

プロローグ

東京都葛飾区小菅にある東京拘置所。

八階の病人用フロアにある単独房で眠っていると、ガチャガチャという音とともに部屋の鍵が開けられ、「起きろ」という声でいきなり叩き起こされた。

二〇二三年四月二十七日、午後九時の消灯後間もない時のことだった。

「出るんだ」

睡眠薬を飲んでいたため意識が朦朧(もうろう)として状況がうまく理解できない。戸惑ったまま、

「出るんだって言ったって、どうするの」と気の抜けた言葉を返すのがやっとだった。

もしかしたら五度目の保釈請求が今度こそ通ったのかもしれない、という思いがよぎったものの、こちらはまだ張り詰めたまま身構えたような気分で、息を抜くことはできなか

った。

拘置所側は例のごとく一方的に命じるだけで、何の説明もなかった。いま思うと、彼らは顔見知りの看守ではなく、別の部署の職員だったかもしれない。いずれにせよ、いつもの看守ではなかった。

私は二〇二〇年十二月、七時間に及ぶ心臓大動脈瘤の大手術をしている。また心房粗細動という脳梗塞を生じうる持病を抱えており、一日に十数錠も薬を飲まなければならない身だった。拘置所内で幾度も倒れ、車椅子の使用を余儀なくされていた。このころは、部屋の布団の上げ下ろしどころか、一人で着替えをすることすらおぼつかない状態にまで衰弱していた。

もたつきながら着替え始めると、三、四人が部屋に入ってきた。隅に山積みになっていた差し入れの本と服などを手際よく段ボールに詰めていく。十五分ほどで部屋は残らず片づけられた。私がようやく身支度を終えるのと同時だった。

拘置所内は逃亡を防ぐために、鍵がかかった扉で幾重にも隔てられている。先導する看守がＩＣカードと指紋認証で一つずつ鍵を開けるのを見ながら車椅子を押されて進んだ。エレベーターで一階まで降り、預けた荷物を受け取って身体検査をする。玄関手前の守衛室までたどり着いた。

最後の鍵が開けられ、玄関に向かった。しかし、そこはまだ拘置所の中である。解放感はない。ドアが開くと二人の弁護士の姿が見えた。村山浩昭さんと藤原大輔さんだった。

看守は玄関で二人にこう告げた。

「拘置所のドアを出たらわれわれの管轄ではありません。われわれが車椅子を押して何かあったら困るので、先生方で責任をもって押してください」

自らの責任回避を最優先とする「拘置所の思想」がにじみ出た言葉だった。

玄関の外に出ると、ようやく保釈の実感が湧いてきた。しかし、まだ強張（こわば）った心は緩まず、言葉を発することができない。村山弁護士からはこう助言された。

「車椅子を押しますから、角川さんは姿勢を正しくしてください。卑下して頭を下げるようなことはせず、かといって傲慢な態度でもなく、まっすぐ正面を向いていてください」

その言葉が支えとなって私は真正面を向いて進んでいった。

村山弁護士はかつて静岡地裁の裁判長として袴田巖（はかまたいわお）さんの冤罪事件を担当した。二〇一四年、捜査機関によって物証が捏造（ねつぞう）された可能性を指摘し、再審開始と四十八年ぶりの被告釈放という画期的決定を出したことで知られる。

袴田事件の再審確定は私の勾留中に決まった。定年退官後、私の主任弁護士である弘中惇一郎さんの事務所に入った村山さんが私の弁護を担当し、いま自分の車椅子を押してくれている。そのことに私はひとつの運命を感じた。

外に出ると、脚立を立てて等間隔に並んだ何社もの報道陣のライトに照らされた。真昼のような明るさで、まともに前を見ることができない。カメラのシャッター音が静かな夜に鳴り響いた。

なぜか場違いにも、ハリウッド映画『フィールド・オブ・ドリームス』のラストシーンを思い浮かべた。ケビン・コスナー演じる主人公が「声」に従って造った野球場に往年の名選手が現れる。ラストで球場の照明がまぶしく点灯する。その時は思いもしなかったが、その名選手はかつて無実の罪で球界を永久追放されたのだった。

車椅子のまましばらく進むと、「会長、会長、お帰りなさーい!」という女性たちの声が聞こえてきた。KADOKAWA時代の仲間だった。声のほうを向いて小さくうなずく。その時初めて気持ちがほどけて、ふっと笑みがこぼれた。

不当に逮捕されてから二百二十六日。俗な言葉では「娑婆(しゃば)に出る」などと言うのだろうが、私は「死地を脱した」と思った。

レトリックではない。拘置所の医師から、

「角川さん、あなたは生きている間にはここから出られませんよ。死なないと出られないんです」

と宣告されていたのである。私はこのまま死に追いやられることを覚悟した。

私にとって大都会の中の隔離施設である東京拘置所は、文字通り「死地」だったのだ。

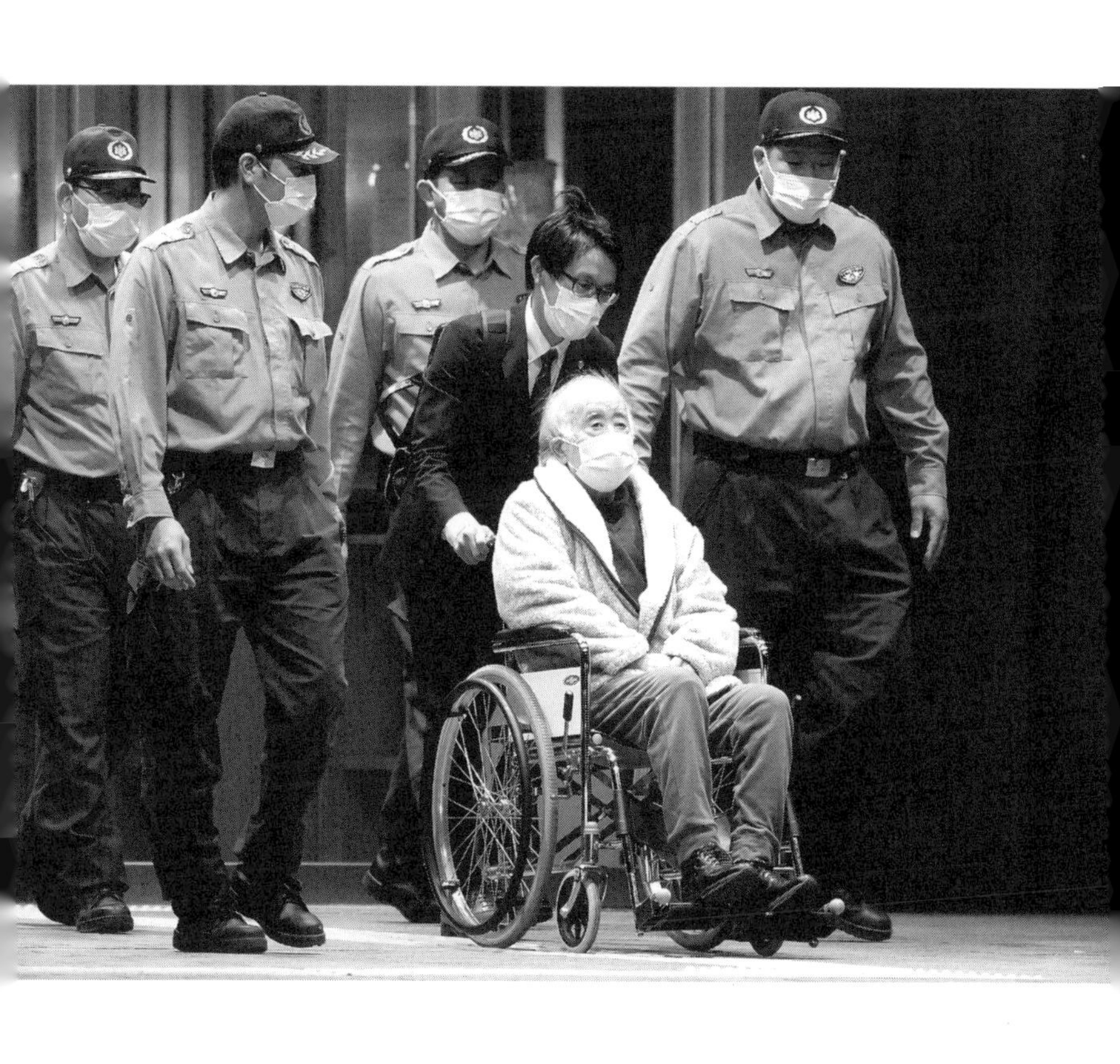

第一章　捕縛

■ものものしい空気

事件は始まりから異常だった。

前年の二〇二二年九月二日夜、紀伊國屋書店の高井昌史社長（現会長）や作家の柚月裕子さんと日本料理店で会食した後だった。歩いて自宅に帰ると、玄関前の車道が大勢の報道陣とカメラマンに埋め尽くされていた。

いったい何事かといぶかしんだが、それ以前から東京地検特捜部の任意聴取を受けるなど、私の周辺はものものしい空気が漂い始めていた。

特捜部の私に対する任意聴取は、その年の八月八日から合わせて計三回行われた。世間では「東京五輪汚職」などと呼ばれていたが、五輪をめぐる贈収賄事件に関して話を聴きたいので検察庁に来てほしい、との要請だった。

任意聴取とはいえ、霞が関にそびえる冷たい建物には足を踏み入れたくはない。「任意で話を聴きたいのなら、あなた方がしかるべき場所を用意すべきではないか」と答えると、聴取場所に都内のホテルを指示してきた。

グランドアーク半蔵門で二回、東京ドームホテルで一回。それぞれのミーティングルームで担当の久保庭幸之介検事と事務官の二人に五輪のスポンサー契約のほか、受託収賄容疑で八月十七日に逮捕された電通出身の東京五輪組織委員会元理事・高橋治之氏との関係を尋ねられた。

私は高橋氏とは組織委員会で一、二度面会し、あいさつしたことがあるだけで、ほとんど記憶にない。当然、金銭のやりとりについても知るところではなかった。

そもそも五輪汚職は二〇一八年、フランス検察捜査当局が東京五輪招致をめぐる贈賄容疑で竹田恆和・日本オリンピック委員会（ＪＯＣ）会長に対する捜査を始めたことに始まる。竹田氏が五輪関係の役職を次々に追われた後、捜査は行き詰まったように思われた。だが二〇二二年七月に安倍晋三元首相が銃撃されて死亡した後から急速に進展したとされる。

聴取は一回二時間程度だった。中には十数回も聴取され、終電の時間になるまで調べられたKADOKAWAの社員もいた。それに比べれば厳しい取り調べではなかったが、それが私にはむしろ不満だった。私の関与がどれだけのものだったかを知ってもらうために、もっと徹底的に調べてほしかったのだ。

■「これは人質司法になりますよ」

読売新聞の記者が七月下旬から二回ほど自宅に来て、やはり高橋氏との関係について聞いてきた。KADOKAWA社内では、いつの間にか弁護士の一団が調査チームを設置して社員間で個別に連絡を取らないよう指示するなど異常な状況に陥っていた。そのため私は部下に事情を聴くことすらできず、関連する情報から取り残された状態にあった。

九月三日、読売新聞が朝刊一面で「KADOKAWAも仲介か　高橋容疑者　五輪スポンサーに」という見出しで五輪汚職について報じた。紙面ではKADOKAWAが大会スポンサーに選定されるように高橋治之氏が組織委員会側に働きかけた疑いがあり、高橋氏の知人が経営する会社にコンサルタント料名目で七千万円を支払った、と報じていた。私が任意聴取を受けたことや関与を否定する私のコメントも掲載されていた。

その日の午後、懇意にしていた作家の佐藤優さんから担当編集者を通じて緊急の連絡があった。外務省の対ロシア交渉の専門家だった佐藤さんは東京地検特捜部の国策捜査によって逮捕された自身の体験から、

「特捜部は角川会長まで逮捕すると思います。これは『人質司法』になりますよ」

と話し、「会社の弁護士ではなく、個人で弁護士をつける」「任意聴取で検事に話したことを弁護士に検証してもらう」「メディアには何も話してはいけない」といった助言を与えてくれた。

「人質司法」とは、捜査当局が否認や黙秘をする被疑者や被告人を長期間、身体拘束することで虚偽の自白を強要する日本の刑事司法の実態を指す。しかし、それが実際、私の身に起こるようなこととは到底思えず、私には全くリアリティーがなかった。

身体を拘束されることなど何もしていないのに、なぜそこまで慌（あわ）てて自己防衛しなくてはならないのか。個人的に弁護士を依頼することなど考えもしなかった。

■検察の逆鱗に触れた代表取材

メディアの取材攻勢はその後も続き、多数の報道陣が四六時中、自宅周辺に待機して近隣住民に迷惑をかけていた。メディアは検察からリークされた情報をもとに事件の構図を描き、報道しているとしか思えない。社内からは「これは経営陣が起こした贈収賄事件だ」との声まで聞こえてくる。連日の夜討ち朝駆けで家族の心身や社内の動揺はもはや限界に達していた。

私は佐藤優さんの助言を顧みることなく、メディアの代表取材を受けることにした。事態がのみ込めないまま浮き足立っている三千人の社員たちに、会長の私から「われわれは間違ったことをしていない。心配することはない」というメッセージを自分の言葉で伝えたかったのだ。

九月五日、自宅などへの取材攻勢をやめることを条件に、記者クラブの幹事社だった毎日新聞とTBSの二人の代表記者による取材を三十分ほど受けた。場所は会社の事前了解を得てKADOKAWA社内にした。

記者たちは検察取材をもとに事件の全体像を描いているが、私はそうではない。「高橋氏にお金が渡っていたことすら全く知らなかった」「部下の社員に不正はなかったと信じている」と答えた。知らないことを何度も繰り返し質問される。憤然たる思いを抑えるのに必死だった。

翌六日、特捜部はＫＡＤＯＫＡＷＡの芳原世幸元専務、馬庭教二元五輪担当室長ら二人を贈賄容疑で逮捕し、本社と松原眞樹前社長、私の自宅を家宅捜索した。

夕方になって検察からの急な呼び出しを受けて東京ドームホテルに向かった。三回目の任意聴取だった。私が席に着くなり久保庭検事はことさらに言い募った。

「まずいまずいまずい、あれはないでしょう。角川さん、記者会見をしたらいけないでしょう」

われわれはあなたに累が及ばないよう努力しているのに、あなたは自ら墓穴を掘ったんだ、あなたの責任だよ、とでも言いたげな口ぶりだった。私は、

「メディアにあんなリークをされては仕方がないでしょう。あれはショートメッセージであって、記者会見ではありませんよ」と控えめに反論した。

後になって特捜部出身の弁護士から「あの『記者会見』をしたから逮捕されたんですよ」と言われた。つまり検察は「記者会見の内容は関係者の供述に影響を与える可能性が

ある。そのための会見だった」と受け取り、それが特捜部の逆鱗に触れたのだという。しかし、私には思いも寄らない解釈であり、全く納得できなかった。

私の主張を自分たちが描いたストーリーを真っ向から否定する反撃とみなした特捜部は、私の反論を圧殺するかのように、いきなり強制捜査に乗り出した。

自分の身にいったい何が起ころうとしているのか。ここにきて私は初めて事の重大さに気づき、八日夕、人権弁護士として知られる喜田村洋一弁護士に相談に行った。

■不意打ちの逮捕

九月十四日午後、特捜部に四度目の呼び出しを受けた。場所は恵比寿のウェスティンホテル東京。この日はツインルームに案内された。

部屋に入ると三人が待ち構えていて、久保庭検事がいきなり、

「逮捕します」と言うと、私は手錠をかけられ腰に縄を付けられた。場違いなほど真新しい原色の縄だった。今回も任意の取り調べだと思っていただけに不意打ちの逮捕だった。

手錠をかけられながら、「これは逮捕に慣れていない検事や事務官に経験を積ませる通

東京拘置所

過儀礼のようなものなのかな」と思っていた。

書類に拇印(ぼいん)を求められ、かばんから財布、スマホまで私物はすべて取り上げられた。鈍く光る手錠はずしりと重い。一連のやりとりは妙に芝居じみていて、すべてが被疑者に囚われの身であることを実感させていく儀式のように思えた。

「感想はありますか」。検事がしたり顔で聞く。思いがけない事態に冷静さを失っていた私は、「ずいぶん急ぐんですね」と答えるのがやっとで、自宅や会社にどう連絡したらいいのかと頭の片隅で必死に考えていた。

そのまま検察の車で東京地裁に連れていかれ、若い裁判官に逮捕容疑と拘置所への収容を告げられた。私が「納得できない」と伝えると、「あなたには準抗告する権利があります」と申し渡された。

二週間前の九月一日に七十九歳になったばかりだった。

■自尊心を奪う身体検査

その後、小菅の東京拘置所に連れていかれた。荒川近くの住宅街にある東京拘置所は約三千人の被疑者や被告人、受刑者を収容できる国内最大の刑事施設であり、巨大な灰色の建物だ。

到着した私を待っていたのは、まず身体検査だった。服をすべて脱がされて身体の傷や入れ墨の有無、口の中から脇の下まで隠し持っているものがないか調べられる。陰茎の内側に異物などが入っていないかどうか、ことさら尋ねられた。

この屈辱的な仕打ちが被疑者の自尊心を奪い、善良な市民として生きてきたという誇りを剝奪する。「拘置所の思想」の最初の洗礼だった。

ネクタイやベルトなど首吊りに使えそうな紐が付いた衣類は禁じられる。与えられたサンダルには四桁の番号が記されていた。「八五〇一」。それが私のここでの呼称だった。

それから二十日間、特捜部の取り調べを受けた。

刑事訴訟法では、勾留期間は十日間が原則であり、「やむを得ない事由」がある時に限り、十日間の延長が認められる。しかし現実の運用では、特捜部に逮捕されれば二十日間の勾留が当たり前になっており、そのうえ再逮捕、再々逮捕で四十日間、六十日間勾留されることも珍しくない。検察官は「いつになったら出られるのか」という被疑者の不安を衝いて、自分たちが描いたシナリオに沿って虚偽の自白へと追い込んでいくのである。

毎日午前中は弁護士の接見がある。検事の取り調べは午後二時間、夜に二、三時間。二十日間で約八十時間に及んだ。被疑者が緊急に弁護士を呼ぶためには電報を打つなどしなければならない。土日は弁護士に接見できないが、検事は自由に取り調べができるという公平性を欠いた運用になっている。

■常用薬が与えられない

「これは誤認逮捕です。こういう理不尽なことはあってはならないと思いますよ」

私は最初の取り調べで久保庭検事にそう告げた。逮捕後、私は常用している持病の薬を飲む必要があることを検事に訴えたが、「ご意見は伺いました」と答えただけで、薬が与えられることはなかった。

私は焼け付くような感情を抑えながら以下のようなことを伝えた。

「私が証拠を隠す可能性がある」と検事が申し立てたことでいま、私は接見禁止になっている。そのため妻にも会社の人間にも会えない。しかし私は何も隠したくないし、隠すものは何もない。そのことはあなた方が一番わかっているはずだ。

私は自分の薬が手に入らない状況で取り調べを受けなければいけない。つまりいま死んでもおかしくない状態にある。この状況は非常に非人間的であり、私は基本的人権を侵されていると思っている。こういう理不尽なことが司法の世界では当たり前になっている。裁判所もあなた方検察も麻痺している。私自身も不幸だが、あなた方も不幸だと思う――。

私の訴えに対して久保庭検事はメモを取りながら時々相槌(あいづち)を打ち、聞き終わると、

「ほかに何か言っておきたいことはありますか。思っていることがあれば、すべて言ってもらって大丈夫ですから」と返した。

私は事件の全体像を全く知らなかった。検事の質問内容は長期間にわたるもので、記憶が抜け落ちているところもある。

検事にその旨を伝えると、

「角川さんが記憶を取り戻せるように、事件が起こった時のことから、これから二十日間調べていきましょう」と言う。私は法に触れることをした覚えはないため、黙秘権を行使するつもりもなかった。

取り調べは淡々と進んだ。私が事件を通して最も不安だったのは、自分が何も知らないということだった。事件の中で自分がどういう役割を果たし、どういう容疑をかけられているのかさえ教えてもらえない。

いくら強腰で言っても、相手は特捜部のエリートであり、取り調べのプロだ。こちらは全くのアマチュアで、蜘蛛の巣に絡め取られた蝶のようなものだった。

しかし、二十日間かけてやりとりをする過程で、不透明だった事件の大筋が浮かび上がってきた。例えば「この書類を知っているか」と聞かれて、社員が作ったという私の知らない資料を見せられる。すると「ああ、この件は相談に来なかったのだな」ということがわかる。徐々に自分の記憶が戻ってきて、完全ではないにせよ、パズルのピースが一つずつ埋まっていった。

■検察が描いた構図

検察が描いた構図はおおよそ以下の通りだった。

東京五輪の開催が決定したのは二〇一三年。ＫＡＤＯＫＡＷＡは大会スポンサーを目指し、大会組織委理事・高橋氏の知人・深見和政氏に相談して深見氏の会社とコンサルタント契約を結んだ。発議したのは芳原元専務だった。そして二〇一九年、大会組織委とスポンサー契約を結んだＫＡＤＯＫＡＷＡは公式ガイドブックなどを発売。スポンサー契約を結ぶにあたり、深見氏の会社を通して高橋氏に賄賂を支払った――という見立てだった。

五輪の理事は民間人ではなく、「みなし公務員」と規定されていたため、職務権限を利用した金銭の授受には贈収賄が成立する。

検察から情報をリークされたメディアも、この構図に沿って報じていた。だから国民の多くは、五輪のスポンサー契約を会長の私がトップダウンで決めたと思い込んでいるだろう。だが事実は全く異なる。

そもそも私には東京五輪への思い入れはなく、スポンサーになるという発想もなかった。発端は二〇一四年、電通側からＫＡＤＯＫＡＷＡに「スポンサーになって五輪に参加しないか」という話が持ち込まれたことにあった。社内は沸き立ち、ＥＣＣ（エンターテインメント・コンテンツクリエイション）事業統括本部が窓口として動くことになった。

しかし、ＫＡＤＯＫＡＷＡは五輪スポンサーの中でも最下位の「オフィシャルサポーター」にすぎない。見返りはほとんどなく、五輪マークの使用さえ名刺などごく一部を除いて許されていなかった。

確かにＫＡＤＯＫＡＷＡはこれまで多くの情報誌を発行してきた実績がある。公式パンフレットへの意欲はあったものの、無理をしてやるべき仕事ではなく、大きな収益が見込める事業でもなかった。ましてや私が陣頭指揮を執るような仕事ではない。スポンサーとして行ったビジネスは収益につながるどころか、赤字覚悟のボランティアに近かった。

取り調べの過程で、ＥＣＣ担当者から意見を求められた際、「スポーツマーケティングを事業化するのもいいが、投資できるのは五億円が限度だ」と言ったことを思い出し、それが始まりだったことを知った。実はそれまで私はＥＣＣの会議に呼ばれたことすらなかった。しかし、この時だけは意見を求められた。おそらく私を巻き込む形で意思決定をしたかったのだろう。

ＫＡＤＯＫＡＷＡの決裁権限は重要度に応じて、取締役会、経営会議というようにルール化されており、たとえば、取締役会議決事項であれば、経営会議を経て外部取締役も参加した取締役会で決裁する。私は取締役会長といっても代表権を返上していたため何の決裁権もない。社長に聞かれない限り、意見を言うこともなかった。代表権者として金庫の鍵も人事権も持っていない。それがコンプライアンスに向けたＫＡＤＯＫＡＷＡのガバナンスだった。

取り調べで私は一貫して部下との共謀や賄賂の趣旨を否定した。私が言えるのは「自分は関与していない」ということだけだった。

■拇印の完全拒否

逮捕から起訴前までの勾留中は、毎日のように弁護士が接見して助言を与えてくれた。弁護団によると、検事の常套手段は被疑者が驚く情報を突きつけて動揺を誘い、供述の矛盾を突いてくるのだという。

私の時もその常套手段が使われた。取り調べの後半十日間で、久保庭検事は「極秘」と付したメールを「これは一体なんですか?」と目の色を変えて迫った。それは単なる社員の配置転換に関するメールに過ぎなかった。

あるいは私のスマホに登録されていた菅義偉元首相の電話番号を鬼の首を取ったように示し、「菅さんにあなたは会ってますね」と揺さぶりをかけようとした。しかし、事件とは関わりがないため動揺しようがなかった。

弁護士からは「検事が書いたストーリーが初めからあって、調書はその裏付けのために都合のいい証言だけを取るので、調書には安易にサインしないでください」「それでも窮したら『弁護士と話をしてからお話しします』と答えてください」と言われていた。

そうした助言を待つまでもなく、私は自分が話した通りに書かれた供述調書にも、初めからいっさい拇印を押さなかった。「あなたの話した通りに書いているじゃないですか」と検事は言い募ったが、拇印を押さない理由を組織論の用語を使って説明した。

「部分最適と全体最適という言葉がある。ここだけを見れば僕の話した通りに書いているように見えても、全体として見た時、別の意味を持つ可能性がある」

そうした言動は彼らの反感と怒りを招いたに違いない。自分の経歴にさえ拇印を押さなかった時、検事は「これも否定するんですか」と憤然たる面持ちで声を上げた。

しかし、私には無実の人間を安易に逮捕した検察に対する強い憤りがあった。ここで拇印を押せば、その憤りを核に自らを必死に鼓舞している自分に対して不誠実になる。さらに私には検事に根強い不信感を抱く原体験があった。

一九九三年に兄の角川春樹が薬物事件で逮捕され、私も参考人として検事に聴取された時のことだ。「兄が麻薬を使用しているところを見た。兄に忠告したことでけんかになった」と全く覚えのないことを記した供述調書への署名を求められた。拒否すると、検事はそれまでの態度を一変させた。「じゃあ用はない。帰れ」と叩き出された。その時の殺伐たる思いが検事に対する抵抗の礎になった。

ただ、取り調べに屈して自分があずかり知らぬことを自白してしまうか否かの差は、わずか半歩に過ぎない。長時間拘束された被害者が加害者に過度に同調する「ストックホルム症候群」という心理的現象があるように、抗戦の一方で検事の言う通りになって楽になりたい自分がいる。心が折れても許される理屈を自分の中に築こうとする。それは人間の弱さであり悲しさである。その弱さゆえに、これまで検察の横暴に屈した無辜(むこ)の人々は数限りないのではないか。

私の否認の最後の砦(とりで)となったのは、経営者として自分が守り育ててきた会社への思いだった。傷ついたブランドを回復し、次世代の経営陣や社員がKADOKAWAで仕事をすることに誇りを抱けるようにしなければならない。その使命感が自白への半歩を踏みとどまらせた。

■特捜部の国策捜査

取り調べが比較的穏やかに進んだのは、当初から私を起訴する方針が決まっていて、拇印拒否の時点で自白を引き出すことを途中から断念したからではないか。

「叩けばホコリの一つや二つ出てくるだろう」と高をくくっていたら、いくら調べても何も出てこない。だから高橋氏のように再逮捕を繰り返すこともできない。最後の四日間は特に必要のない「消化試合」のように感じられた。

逮捕から二十日後の十月四日、久保庭検事は、

「あなたを贈賄罪の共同謀議で起訴します」と冷たく言い放った。その顔は二十日前に「逮捕します」と告げた時と同じように、相手を睥睨(へいげい)する検事そのものの顔だった。

「共同謀議」という言葉が実に禍々(まがまが)しく響いた。法律家にとっては一般的な用語かもしれないが、日常からかけ離れた言葉が実におぞましく聞こえて、こちらの平常心を揺さぶった。

同時に「これで起訴できるのか」と驚いた。この二十日間、私が事件から最も遠いところにいることを知っているのは、他ならぬ取り調べをした久保庭検事のはずだった。その検事が起訴を告げて、

「角川さん、何か言うことがありますか」と聞いてくる。私は話した。

「権力が一度ひとり歩きしたら、中国やロシアで起こっていることが日本でも現実に起こる可能性があるんだと思います。それは検事の意思一つだということを忘れないでほしい。僕はそういう危惧を感じました。最高検というのは最高検察ではなく最高権力なんです。正義をシンプルにとらえず、何が正義かを検事で議論してほしい。それが民主国家を統べる基になると思う。それを自戒してほしいと思います。わかっていただけますか」

検事は苦笑いをしながら「発言の意味はわかります」と答えた。私は言葉を継いだ。

「僕はなるべくあなたと無駄話がしたかったんです。取り調べでも無駄な話をする中で人間と人間としての感触を確かめながら調べられるのがいいなというのが僕の希望でした」

「わかりました」

取り調べの間、私は一人の人間として久保庭検事と話をしたつもりだった。彼は時に自分の出身大学や家族について話すことがあった。私の意見に耳を傾け、うなずくことさえ

あった。だがそれは、あくまで自分たちに都合のいい証言を引き出すための詐術だったのか。結局、彼は自分たちが画した領域から一歩も出ることはなかった。

「あなたは職業検事ですね」。そんな言葉が口をついて出た。

検事や弁護士と話しながら確信したのは、五輪汚職そのものが「国策捜査」ということだった。特捜検察は時代状況に応じて一つの政治的意図や世論の動向に沿って訴追を前提に国策捜査を進める。検察は巨額の税金を投じた五輪の裏では必ず黒い資金が流れているはずだという国民の疑念と摘発への期待に応じる形で事件をつくり上げたのである。

拘置所に戻ると、看守に告げられた。

「これからあなたを囚人として扱います」

第二章　幽閉

■丸見えの便器

「これから囚人として扱う」と告げた看守に、私は「え？　これまでとどう違うの？」と尋ねた。すると、「何も変わりません」という答えが返ってきた。起訴された人間には、そう言い渡すよう上司から命じられているに違いない。

起訴はされたが、私は罪が確定して刑罰を受けるために拘置所にいる既決囚ではない。だが看守としては同様に扱うという姿勢を示した。つまりは完全に犯罪者扱いであり、そこには有罪が確定するまでは無罪として扱われるという刑事司法の基本「無罪推定の原則」

はいっさい顧みられていない。

勾留されたのは、五階にある広さ三畳ほどの「単独室」と呼ばれる独居房だった。コンクリートの上に薄い畳が敷いてあるため、畳を通じてしんしんと冷えが伝わってくる。時計やテレビ、温度計はない。録音されたラジオを時間差で聞くことができるだけである。

部屋の奥には洋式トイレと洗面台がある。衝立がないため、廊下から丸見えになる。頻尿と便秘気味で頻繁に便座に座っていた私は羞恥心でいたたまれなかった。しかし、これもまた収容者の自尊心を奪う拘置所のやり方だ。

拘置所が最も恐れるのは、収容者の脱走と自殺である。洗面台の蛇口は突起物をなくして自殺を防ぐためにボタン式だった。脱走を防ぐためだろう、鉄製の扉をなるべく開閉しないよう食事や新聞などの支給は廊下越しの小窓からなされる。外部から完全に遮断された空間だが、場所によっては近くを走る列車の音がたびたび聞こえた。

東京拘置所はよく「冷暖房完備」と記されているが、単独房に冷暖房の設備は機能しなかった。看守は「ここは寒くない」と言い張ったが、掃除に来た既決囚の青年は部屋に入るなり「寒い！」と漏らしていた。九月に入所した私は以後、次第に厳しさを増す寒さと闘うことになる。

■B級映画のような意見書

検察に起訴された十月四日、私はKADOKAWAの会長職を辞任した。起訴されたことで、しばらくの間は取締役会に出られなくなり、会長としての責務を果たせなくなるためだった。

翌日、弁護士と相談のうえ一度目の保釈請求をした。保釈しても証拠隠滅や逃亡の恐れはないと主張。不整脈の持病があり、十一月にはカテーテルアブレーション手術という心筋の一部を焼く三回目の手術を予定しているなど健康上の理由を挙げた。

「当然、保釈されるだろう」と思っていたが、検察官が保釈請求の却下を求める意見書を出し、請求は翌日却下されてしまった。

意見書は保釈を認めない理由として、第一に「本件犯行を頑強に否認するとともに、身上調査を含め、供述調書への署名指印を拒否している」ことを挙げている。すなわち容疑を否認して無罪を訴えること自体が保釈を認めない理由とされているのである。

さらに「被告人は、逮捕前から敢えて本件犯行を否認する姿勢を報道を通じて公表することで、関係者への『口封じ』を図り、逮捕後は、引き続き犯行を否認し、供述調書への署名印を拒否するばかりか、音声データやメールなどの客観証拠ですら『でっち上げ』だと主張し、（略）様々な策をしてでも、これらの者に働きかけ、口裏を合わさせようとして、自己の刑事責任を免れようとする姿勢が顕著である」と私の言動をすべて悪意にとらえて、極悪人のように表現していた。

　接見室のアクリル板越しにその意見書を見せられた私は唖然とした。検察官が調書まで取った関係者に私が圧力をかけて証言を覆させるというB級映画のようなフィクションが、まことしやかに記されている。完全に机上の空論だった。

　判断材料の乏しい裁判所は事件のあらましも知らない。「法曹三者」と呼ばれる裁判官、検察官、弁護士のうち、この段階では情報量の差によって検察官の力が圧倒的に強い。だから裁判官は検察官の意見を鵜呑みにして、偏った資料と情報で決定を下さざるを得ないのである。

　以後の保釈請求に安易な期待はできない。社会に出てから約六十年、ここは常識の通じない不条理の世界であることを思い知らされた。

■外界から遮断する窓

単独房の奥には特殊強化ガラスの窓がある。しかし、窓から外の景色は見えない。窓の外には外廊下があり、外廊下は曇りガラスで目隠しされているため、私の部屋からはわずかの隙間を通してしか空をのぞくことができなかった。

そこには「拘置所の思想」が象徴的に表れている。

普通の窓は、室内から外の景色を眺めるために設けられる。いわば九八パーセントの自然光と空気を取り込むために工夫する。しかし、ここでは逆に外界と九八パーセント遮断するために取り付けられている。収容された者はどうすれば残りの二パーセントの外界を享受できるかという心理に陥っていく。

なぜ本来の機能を持たない窓を設置しているかと言えば、「窓もない非人間的な空間だ」と外部から批判されないためである。人間的な空間に見せながら、実は外界と遮断した非人間的な空間。すなわち拘置所の窓は一種のフェイクでありフィクションなのだ。むしろすべてコンクリートの壁に囲まれた牢獄のような空間こそが、ここの実態にふさわしいとさえ言えた。

写真右中ほどに衝立は写っているが、私の単独房にはなかった。

そうした論理は拘置所の秩序全体を支配していた。不潔と指摘されないために週二、三回入浴させる。月一回は掛け布団を日干しする。三十分の運動の時間を設ける。食事に対するアンケートを実施する――。

拘置所の落ち度となる収容者の自殺を最も恐れながら、自殺したくなるような状態に置くという欺瞞。世間からの批判をかわすために構築した「アリバイの論理」ゆえに人間性を欠落させ、どこかゆがんでいる。そして、ゆがんでいることを拘置所側の人間も感じているからこそ彼らは必要以上に居丈高になる。

収容者には「これをしてはいけない」という禁止事項だけが伝えられる。看守の命令には服従しなければならない。だがその命令は恣意的でもあった。廊下で出会った収容者はもちろん、看守や看護師にも目を合わせてはいけない。ある時は顔を上げずに「廊下の真ん中を歩け」と言われ、ある時は「左を歩け」「右を歩け」と言われる。反論は許されず、命令は絶対だった。その意味では拘置所全体が軍隊の論理に支配されていた。

ある看守は「あんたに権利はない。あるのは義務だけだ」と言い捨てた。

■二十四時間の監視体制

朝は七時に起床する。朝夕の点呼の際は正座して看守を待ち、自分の番には称呼番号を言わなければならない。名前を呼ぶことは相手の人格を認める最初の行為である。それゆえ人間を番号で呼ぶところに私はひとつの作為を感じた。そして、その作為に殉じないことが自分を失わないための支えになった。

私は「八五〇一」の称呼番号の後に、必ずはっきりと「角川歴彦」と名乗った。「人格の否定」に対する私なりのささやかな抵抗だった。「八五〇一」を「はち・ごう・ぜろ・いち」と言うと、看守は腹いせで「八千五百一番と言え」と命じた。「そういう規則があるんですか」と聞くと答えられない。単なる彼の意趣返しだった。

「点呼」と言われた時に正座を始め、看守が部屋に来る時まで正座していなければならない。「点呼終わり」と言われて初めて脚を崩せる。太めの私には正座がどうにもつらい。脚を崩して叱声を浴びたこともあった。だが日を追うとともに痩せてくる。すると正座ができるようになる。拘置所生活におけるひとつの順応だった。

部屋では就寝や昼寝などを除いて布団に寝転がることが許されない。コンクリートの壁を背に差し入れられた座布団の上にずっと座っていなければならない。天井には監視カメラがあり、カメラの視界から外れると、廊下側にある小窓からのぞく看守からすぐさま注意される。昼夜にかかわらず、二十四時間体制のチェックである。

面会は平日に限られ、弁護士のほかは裁判所に認められた妻も弁護士の申請によってようやく二十分の面会が許された。面会でアクリル板越しに妻と話す内容は、同席した看守がすべてメモを取っていた。手紙や郵便物を出したり受け取ったりすることも禁じられた。規則に基づく指示や看守の恣意的な命令は、実に瑣末で取るに足らないものだ。しかし、そうした命令の一つ一つが私の尊厳を踏みしだいていく。規則のそれぞれが私の人としての権利を侵食していく。

現実社会と隔絶された空間で、ただひたすら同じような日々が繰り返され、時折、「ここで死んでしまうのではないか」と気も狂わんばかりの焦燥感にかられる——そんなふうに精神が蝕（むしば）まれていく心理状態を専門的には「拘禁性ノイローゼ」と呼ぶことを後で知ったが、私はそれを「小菅病」と名付けた。

入所以来、まだ二カ月と経っていないころ、私は既に「小菅病」に冒されていた。

■読書で知った司法の現在地

拘置所での唯一の楽しみは読書だった。午後四時四十分の夕食後から午後九時の就寝時までは貴重な読書の時間に当てた。

足繁く訪ねてくれた友人たちが差し入れてくれた本をむさぼるように読んだ。ありがたいことに、ほとんどの人が差し入れの上限である三冊を持ち込んでくれた。またたく間に部屋の隅は既読の本と未読の本で山積みとなった。

消灯時間には照明が落とされるが、かろうじて読書できる明るさはあった。本来は書くことも読むことも許されない。かまわず本を開いていると、すぐに看守が飛んできて眼鏡を取り上げられた。

読書を通じて私は刑事司法の現在地を知ることになった。勾留生活を強いられた私の心に響いた作品が三冊ある。

一冊目は、再読した佐藤優さんの『国家の罠　外務省のラスプーチンと呼ばれて』（新潮社）だ。佐藤さんが二〇〇二年、東京地検特捜部の国策捜査によって逮捕され、五百十二日間もの拘置所暮らしを強いられた体験を詳細に記したノンフィクションである。検事とのやりとりから看守との会話まで細部にわたって再現できる記憶力に感嘆した。そして私の状況と詳細に比較した。

二冊目は、私の主任弁護士である弘中惇一郎さんの『無罪請負人　刑事弁護とは何か?』(角川新書)である。厚生労働省官僚だった村木厚子さんの「郵便不正事件」をはじめ、「薬害エイズ事件」「ロス疑惑事件」など国策捜査を含む数々の冤罪事件で無罪を勝ち取った刑事弁護の記録である。

三冊目は、山岸忍さんの『負けへんで!　東証一部上場企業社vs地検特捜部』(文藝春秋)だ。不動産ディベロッパー「プレサンスコーポレーション」社長の山岸さんは二〇一九年、業務上横領容疑で大阪地検特捜部に逮捕された。二百四十八日間勾留されたうえ創業した会社を失うが、ずさん極まりない捜査が明らかとなり、一審で完全無罪を勝ち取った。その全過程を記した作品だ。

それぞれ自分と相似た逆境の記録だけに、その苦悩と無念は我がものとして共感することができた。

■取り上げられたノート

地上十二階の東京拘置所は、中央の管理棟から放射状に四棟の収容棟が設置されている。部屋から接見室に行くには、管理棟の回廊を回って収容棟の端まで歩く。その間、いくつもある扉の解錠には看守らのＩＣカードと指紋認証が必要であり、二つが一致しないと開錠されない。

移動するわずかの間、看守と二人きりになる。会話は禁止されているため、こちらから話しかけても、彼らは基本的に黙して語らない。だから彼らのほうから一方的に声をかける形になる。

彼らが独り言のように聞かせる言葉から、彼らが漏らす本音を知ることになった。

「弁護団がついているだけ角川さんはいいんですよ」と語った看守がいた。

「国がつける国選弁護人はひどいですよ。被疑者はみんな泣いています」

私が顔を向けると、ハッとして黙り込む。これはやってはいけない行為だと悟って、次からは目を合わせないようにする。看守が言った言葉をただ受け止めるだけの一方通行の会話だった。

拘置所生活の緊急必需品として佐藤優さんが指示した差し入れ品は、座布団とノートだった。ノートには取り調べの状況や検事との会話を記録する。違法な取り調べに対しては、のちの公判でこの記録が重要な証拠能力を発揮することがあるという。

私は当初、取り調べのやりとりや気づいたことをノートに記していた。検事の尋問に対する反論もある。看守からは、

「このノートに何か書いても検事には見せません。ここは組織が縦割りで、検事とわれわれとは同じ法務省管轄でも違う部署ですから」と言われていた。

ところが、ある日、弁護士との接見から部屋に戻ると、そのノートが見当たらない。驚いて看守に尋ねると、

「所長に取り上げられました。こんなことはいままでなかったんですよ」といぶかしんでいる。

背筋が凍る思いだった。ノートは最終的には手元に戻ってきたが、決して油断はできないと肝に銘じた。弁護士からは「接見時間からすると、完全にコピーされましたね」と言われた。不当な検閲を受けてから、いっさいノートに記すことはできなくなった。

■高まる命の危機

晴れた日の午後のことだった。部屋の窓の外側にある曇りガラスから、室内に陽の光が射し込んでいた。独房の壁に自分の影が映っていることに気がついた。この閉ざされた空間に影が映るなどということは想像したことすらなかった。

人の形をかたどったその影を親しい友のように感じ、愛おしいと思った。友を送り込んでくれた太陽の力はなんと偉大なものか。それはどんな人にもあまねく平等に与えられる。感動で胸がいっぱいになった。

妻は差し入れとともに洗濯物の宅下げ（収容者から外部に衣類などを渡すこと）をしてくれた。彼女は一日一回の面会の時を「二十分間の日常」と表現した。確かに彼女と話しているわずかな時間だけは日常の自分に戻れる。妻には「おまえとの時間だけが社会とのつながりなのだよ」と語りかけた。

食事は一日三食で、麦ご飯と汁物と惣菜一つ二つが定番だった。いかにも手を抜いたメニューである。運動をしない私は次第に三食を食べることが苦痛になり、気がついたら半分から三分の一ほどしか食べないことが多くなっていった。診断を受けるたびに血糖値が下がっていく。血糖値の低下は本来、私の健康にとっては望ましいことなのだが、それも過ぎると怖くなる。お椀いっぱいの経腸栄養剤「ラコール」が一品付くようになった。

十月九日の夜のことだった。突如、心臓がドキドキする強い動悸を感じたため、急いで拘置所の医師に診察を求めた。診察が実現したのは四十分後のことだ。「先日より血圧が高く、よくない兆候だ」。医師はそう述べただけで、具体的な対処を何ら施さなかった。

慶應義塾大学病院の私の主治医はのちにこの時のことを検証し、「不整脈が起きており、血栓のリスクが高まっている。生命の危機が高まっている」という所見を述べた。

拘置所には専門医が常駐せず、ＭＲＩ（磁気共鳴画像装置）などの高度な診断機器は整備されていない。急を要する時、いったい自分はどうなるのか。不安は日々募り、自分の身体に問いかけることが多くなっていった。

■曲解に満ちた解釈

日本の検察の取り調べ手法は、客観的な証拠よりも自白に偏重している。その最大の武器が逮捕・起訴した相手を長期間にわたって勾留する人質司法である。

刑事訴訟法では起訴後の勾留期間は原則二カ月とされる。だが否認または黙秘すると「証拠隠滅のおそれ」があるとして容易に保釈されない。「証拠隠滅のおそれ」があると、裁判所は一カ月ごとに勾留を更新し、しかもその場合、更新の回数に制限はないため、勾留がずっと続くことになる。

人質司法に実際遭っている私には検察官と裁判官の両者が一体となって自分を締め上げているように感じられた。そして毎月、勾留延長の通知を手渡されるたびに救いのない現実を知らされ、小菅病が悪化するのだった。

十月十七日の二度目の保釈請求では、請求理由として弁護士が私の主治医から聴き取った内容を追記することになった。心臓の大手術を経験した私は不整脈の一種である心房粗細動などの持病を抱えているうえ、高齢の身を考えれば長期間の勾留には耐えられないと記した。しかし、これも容赦なく却下された。

検察は却下を訴えた意見書で、私が弁護士を通じてKADOKAWAの職員に宛てたコメントをやり玉に挙げていた。

「今般、高橋氏に対する贈賄との指摘を受けたことは、夢にも思わぬ驚きであり、もとよりそのような認識はありませんでした。私は事実を全面的に争い、検察と徹底的に闘う所存でありますので、この点、何卒、各位のご理解を頂戴したく存じます」

このコメントについて検察は「様々な策を通してでも、共犯者及び事件関係者に働きかけ、口裏を合わさせようとするなどして、自己の刑事責任を免れようとする姿勢が顕著である」という曲解に満ちた解釈で釈放請求の却下を求めた。

意見書の署名は取り調べをした検事の名前ではない。なぜ一度も会ったことのない人間をここまで憎み、貶（おとし）めることができるのか。驚き呆れ果てるとともに、さらなる憤りが募った。

■悪意ある検察の工作

意見書の背後には検察の悪意ある工作があった。慶應義塾大学病院の主治医を女性検事が訪ね、慶應以外の医療機関でも対応はできるのではないか、と質（ただ）した。主治医は「できること」と「できないこと」を正確に分けて説明したが、検事は「できない」と説明したことはすべて無視し、「できる」と話した事柄だけを意見書に記した。

そんな画策までして検察は私を拘置所に留めることにこだわった。この恣意的な引用を機に病院側は「軽率なことは言えない」と検察を警戒するようになった。

保釈請求が却下された理由は、「証拠隠滅や海外への逃亡のおそれがある」ということだった。しかし逮捕するまでに検察が証拠という証拠をすべて押収し、関係者もほとんど取り調べを終えている。証拠隠滅は事実上不可能である。

私は高齢で持病がある。顔も知られている。現実的に逃亡することはあり得ない。海外に逃亡した日産自動車の会長だったカルロス・ゴーン氏の事例を私に当てはめるのは不当だろう。そして私が会社の関係者に働きかける可能性があるならば、保釈の条件にそれを規制する項目を記載すればいいだけの話だ。

ではなぜ保釈が認められないのか。最大の理由は一貫して容疑を全面的に否認しているからだ。

二〇二二年十月に高橋氏への贈賄容疑で特捜部に逮捕された大手広告会社ＡＤＫホールディングスの植野伸一前社長は長く否認を続けていたが、翌二三年一月に一転して認め、約三カ月ぶりに保釈された。

有罪判決後に彼は「否認すれば勾留が長期化するという刑事司法の厳しい現実を体感した。争わずに早期に勾留から逃れる選択をしたのは私自身なので、判決は真摯に受け止めたい」などとするコメントを出した。この言葉が人質司法の現実を表している。

慶應義塾大学病院への検査入院のため十一月九日、拘置所を出ることになった。二泊三日の検査の間は勾留の執行停止となり、勾留期間には含まれない。三日後に戻ることは分かっていても、いったん拘置所を出るとなると、部屋の所持品はすべて引き取り、拘置所の売店で割高な座布団から布団、便箋やボールペンまで新たに購入し直さなければならない。

拘置所を出る時、スーツ姿の男性に見送られた。「失礼ですが」と尋ねると、所長だった。

「私は角川さんの入所時も出迎えましたよ。その時に角川さんに頭を掻いてほしいと言われたので、私が掻いたんです」

そう言えば、収容される時、手錠をはめられていたため頭を掻くことができなかった。その時は看守とばかり思っていたが、所長だったらしい。そうした会話を交わすところから、彼は叩き上げではなくキャリアだと思った。その「親切」な所長が、私の不在時に黙ってノートを奪ったのだった。

第三章　獄窓

■「最高の医療水準」という虚構

十一月十一日、検査入院から戻ると、私の部屋は五階から八階の病人用フロアの単独房に移された。

新しい部屋は三畳に約一畳分のフローリングがついている以外、これまでの単独房と変わらなかった。看守が二人付くが、病人だからといって特別扱いされることはなく、囚人として管理されることは以前と同様だった。

医師と医務部の刑務官の二人が白衣姿で一日に一回来て症状を聞くようになったのは大

きな変化だったが、差し入れは本と花だけで、健康管理を理由に果物を含む食料の差し入れはいっさい禁止となった。以前は食事に付いていたふりかけも塩分制限のためなくなった。

　このころ、朝の血圧が一六〇〜一七〇という高血圧状態が続き、不整脈も見られた。降圧剤を投与すると、一気に血圧が下がって極度の貧血状態のようになり、脂汗が噴き出し、吐き気を催した。

　十一月十八日には弁護士との接見中、突然意識が遠のいた。急遽（きゅうきょ）呼んだ複数の職員に抱えられ、医師の診察を受けた。

　検察は「東京拘置所の医療施設は日本の拘置所の中では最高の水準にある」とアピールするが、私からすれば不見識も甚だしい。

　確かに病棟に医者と看護師はいる。しかし、便秘を訴えれば下剤、下痢を訴えれば下痢止め、腰痛や歯痛、頭痛を訴えれば痛み止めが処方される。つまりはすべて応急処置、対症療法であり、治療と呼べるようなものではなかった。

　症状に対する薬が次々に与えられ、私は朝に十三錠、昼に五錠、夜に三錠と一日二十錠以上のジェネリック薬を飲んだ。ここが「最高の水準」なら他の刑事施設は推して知るべしである。

慶應義塾大学病院が指示した薬のメニューに従った投薬を拘置所側が嫌がったのは明白だった。病院が指示した薬のうちジェネリックの薬では代替できない薬があったことが後になってわかった。

保釈請求の却下を求める検事や請求を却下する裁判官は、一度でも現場を訪ねたことがあるのだろうか。残念ながら私が勾留された二百二十六日間、彼らに会ったことはなかった。自分の目で見れば、実態が「最高の水準」といかに隔たっているかが分かるはずだ。

■恣意的に決まる規則

十月下旬から十一月上旬にかけて、私はKADOKAWAの取締役をはじめ複数の会社、団体、財団の役職をすべて退任した。検察がこれまでの保釈請求の意見書で懸念するような「経営トップとして人事権をちらつかせて関係者の口封じをする」ことは事実上ありえなくなった。

役職退任と健康状態の悪化を挙げて、十二月一日に三度目の保釈請求をした。今回もだめかもしれないと期待を封じ込めようとした。しかし、さすがに裁判官も年越しは家で過ごさせてくれるのではないか――。そんな淡い期待はわずか四日後、一蹴された。検察の意見書の内容はこれまでと変わらず非情なものだった。

入所後の私は無意識に粗相をしてしまうのではないかという夜尿症の不安から、妻に頼んで介護用パンツと腰痛バンドを差し入れてもらっていた。拘置所のチェックを経て、二週間以上かかってようやく許可されたものだった。

ところが病人用フロアに移された後、同じものを差し入れてもらおうとすると、拘置所から「認められない」と拒否された。それまで使っていたのに、なぜ許可されないのか。理由を聞いても「これは決まりだ」としか答えない。どこかの段階で看守の一人が腰痛バンドが自殺に使われる恐れを指摘したのだろう。

納得できず、看守に「所長にきちんと説明してもらいたい」と伝えると、所長の代わりに看守の一人が「お詫びする」とだけ言ってきた。何のためのお詫びなのかは決して口にせず、詫びている口ぶりでもなかった。こんなところでも看守の私見で規則や決まりが変わるのだった。

■新型コロナの所内〝パンデミック〟

十二月に入って新型コロナウイルスに感染した。世間では第八波の感染者が増加していたさなかだった。

まず外界と接触している看守が感染し、看守から収容者に感染していった。拘置所全体が罹患する緊急事態となった。私自身、さほど深刻な自覚症状はなかったが、扉横の小窓から鼻に検査棒を突っ込んだ医者は「重篤な症状」と告げた。即座に隔離病室に移された。そこでは感染対策のため看守も防護服を身に着け、接見時には私も弁護士も防護服姿で臨んだ。看守にとって点呼や配膳、配薬といった通常の作業を隔離病室で続けるのは大変だったに違いない。

三週間は隔離されていただろうか。所内放送で毎日、何十人という所内の感染者数が伝えられた。しかし、この所内感染が世間に公表されることはなかった。

大晦日は孤独でわびしい一日だった。そして正月を一人、隔離病室で過ごすことになった。正月の食事は特別メニューだと聞いていたが、紙の折り箱に入れられたおせち料理は期待していたほどではなかった。

五輪汚職事件で逮捕、起訴された十五人は次々に保釈されていた。私の一カ月後に逮捕されたＡＤＫ前社長の植野氏も公訴事実を認めて一月二十三日に保釈された。一人残された私は孤立無援で闘うことを自分に言い聞かせなければならなかった。

拘置所の医務部では私の健康状態をどのように判断しているのか。検察の意見書で示された通り、それは大学病院の診断とは大きく異なっていた。弁護士のアドバイスもあり、私は医務部での診断を知ろうと自分のカルテを要求した。

抑圧が厳しい拘置所でカルテを要求する人は滅多にいないだろう。また要求そのものが「生意気な行為」として医師や看護師、職員たちに目をつけられることになる。しかし、治療記録は高度な個人情報である。それだけにその要求は、私にとって貴重な自己主張の手段の一つであり、心の拠り所になるように思えた。

「カルテを見せるかどうかは自分が決める」と刑務官が言う。要望書の手続きも複雑だった。結局、カルテを見ることができたのは四カ月後のことだった。

■父の孤独を知る

拘置所に入れられた当初、私はノートに日記をつけていた。しかし、ノートは所長の検閲を受けた。さらに毎日同じような日々の繰り返しを書きつけること自体、この生活が永遠に続くのではないかという小菅病に陥る要因の一つになる。起承転結を要する長い文章を書き込む気力も失われ、日記を書くことが肉体的にも精神的にも徐々に苦痛になっていた。

そこで二〇二三年一月から始めたのが俳句だった。俳人でもあった父、角川源義(げんよし)の死後、俳人になった母から「俳句は家族みんなでやらなければ」と言われ、しぶしぶ作った時期があったが、自分には俳句の才能がないことを思い知って離れた。

俳句は表現をぎりぎりまで切り詰める引き算で成立する文芸である。拘置所という特殊な環境では、散文では表現しきれない哀しみと苦しみがいくつもあった。そんな時、俳句という文学の持つ価値と存在感をあらためて知った。

俳句を始めて父の命日である十月二十七日を忘れていたことに気がついた。父の命日は、句集『秋燕』にちなみ「秋燕忌」とも呼ばれ、秋の季語になっている。それを忘れてしまうほど心に余裕がなかったのかと自分を恥じ、父に詫びた。

父は最晩年、肝臓癌で入院していた際、おそらく病室から見える名月を見てこう詠んだ。

月の人のひとりとならむ車椅子

父はそれからほどなく他界して「月の人のひとり」となった。亡くなる前日に見舞ってくださった作家の井上靖さんが名句と評価してくれた句である。私も車椅子で独房と接見室を往復する身となり、詠んだ句がある。

亡き父の月にためさる車椅子

病院と拘置所という違いはあるが、私も父同様、老いてから一人過ごす時を持った。そしてようやく父の孤独を思い知った。

部屋の窓のわずかな隙間から奇跡のように空が見え、満月がかかった夜があった。

獄窓の冴ゆる冬月我のもの

俳句の才能は父や兄の春樹に遠く及ばない。だがこの俳句を作る行為は間違いなく私を小菅病から救ってくれた。うまくはないが切実な思いを込めた〝獄中俳句〟は、保釈されるまでに数十句に達した。

父が一九四九年、角川文庫の巻末に掲載した「角川文庫発刊に際して」という文章も繰り返し読んだ。それはこんな文章から始まる。

「第二次世界大戦の敗北は、軍事力の敗北であった以上に、私たちの若い文化力の敗退であった」

文化の普及を務めとする出版人の失敗に対する痛切な懺悔(ざんげ)の言葉だった。私も出版人として目まぐるしく変化する時代に応じて会社を成長させるべく遮二無二(しゃにむに)突き進んできた。しかし、その中で置き去りにしてきたものがあったと思う。

父は書斎で椅子に座って背中だけを見せていた。そう記したのは姉で作家の辺見じゅんである。父は自ら語る人ではなかった。言い訳を漏らすほど愚直にもなれなかった。息子にとって父は永遠の謎と言われる。過去を振り返り、父の孤独感を思い抱き、初めて父を理解できたと思った時、おのずから涙が溢れ出た。

なぜもっと父に優しい言葉をかけなかったのか。なぜもっと母の悲しみに想いを寄せなかったのか。折しも映画『ラーゲリより愛を込めて』（二〇二二年十二月公開）の成功を新聞で知り、原作者の姉のことにも思いが及んだ。文芸評論家の山本健吉さんが我ら三兄姉を「火の玉三兄姉」と呼んでいたことを思い出した。

拘置所にいなかったら父の孤独に思い至ることはなかったとするなら、この囚われの生活にも意味があったと思いたい。本を読んで内省する機会も得た。唾棄すべき日々ばかりではなかった。そうとでも思いなさなければ胸中の修羅が治まらなかった。

■壁に体を打ち据える青年

他の収容者との交流はいっさい禁じられていたが、それでも心動かされることは折りに触れてあった。

ある日、部屋にいると、ドーンドーンとコンクリート壁に体を打ちつけているような音が聞こえてきた。たまたま私が接見から戻る時に、未決囚の青年が看守たちに部屋から連れ出され、「おまえ、何をやっているんだ！」「みんなに迷惑をかけるからやめろ」と叱りつけられているのを目にした。

青年は狂ったように泣き叫びながら自分を責め立てる言葉を発していた。彼は殺人を犯して収容されているのではないか、と私は思った。

それからも昼夜を問わず、衝撃音が聞こえる。中央管理棟の向こう側から聞こえてくるので、よほど体を強く打ちつけているということが分かる。彼は自分がなくなればいい、壊れればいいと思って、自分の体を打ち据えているのだった。

死なれては困ると看守も手を焼いていたが、最後はそうした振る舞いで自らを罰する青年の行為を黙認するようになった。私も騒音は耳に障（さわ）ったものの、青年の身を思うとどうにも哀れで、これはのみ込まねばならぬものと観念した。

もう一人、やはり年若い収容者が私の斜向かいの部屋に入ってきた。これも私の想像だが、人を殺（あや）めて自らも傷つけたことで、ここに収容されているのではないかと思った。看護師がずっと離れず付き添っていた。その時、

「お父さんとお母さんが見えたぞ」

という声が聞こえた。

普段は冷たい声を放っていた看守が、その時だけは心を傾けた優しい声をかけていた。「あ

りがたいと思え」とも「ちゃんとしろ」とも言わず、ただ両親の来訪を告げていた。たったそれだけのことなのだが、看守の発した声に胸を衝かれ、涙を抑えることができなかった。

拘置所で読破した『新・平家物語』(全十六巻、講談社文庫)で、著者の吉川英治は、昔の日本人はよく泣いた、あの傲慢な平清盛も「泣きに、泣いた」と記している。私もこれからは感情の赴くまま泣こうと心に決めた。

■寒さとの闘い

病人用フロアでは布団を敷きっぱなしにすることを許された。最初の二、三日はありがたいと思ったが、二十四時間敷きっぱなしの生活は、自分がまるっきりの病人のように思えてつらくなる。体力がある限りは布団をたたもうとしたが、体に力が入らず、布団を持ち上げられない。こんなこともできないのかと、うち萎れた。

この年の冬は冷え込み、一月の東京は氷点下三度を記録することもあったという。しかし、就寝時は布団をかぶって顔を隠すことも許されない。換気口から入ってくる冬の冷気を避けて顔を伏せると、看守がすぐに飛んでくる。そのため顔がカメラに映るようにしながら、建築設計の悪さを恨みつつどうしたら冷たい風をよけることができるかを考えた。

朝起床すると、布団を折りたたむ。二つ折り、三つ折りにすると、そこに体を横たえたくなる。しかし、そうすると天井の監視カメラから顔が見えなくなり、すぐに看守がやってきて「八五〇一、そっちのほうに顔を向けるな」ととがめられた。

カメラに顔を見せてもたれるには、壁によりかかるしかなかった。しかし、コンクリート製の壁は冷えがしんしんと伝わって凍えてしまう。枕と折り曲げた座布団、掛け布団を壁と体の間に挟んで、どうにか楽な姿勢がとれるよう工夫した。

寒さを看守に訴えると、「手のひらを腹で温めろ」と言う。冷淡な言葉だと思ったが、なるほど確かに温まりはした。

就寝時は掛け布団に、差し入れてもらったコートを掛けた。顔は隠せないため、コートの袖で頬を覆うことで吹き込む冷気を防いだ。もちろん就寝時、コートの房内使用は禁止されている。だが私は必死に看守と交渉した。愚直な看守は私の味方になってくれた。黙認という特権を私は獲得し、身を守った。

そんなふうに親切な看守もいた。収容者には情をかけない、関係を持たないと心に鎧（よろい）をまとった仮面劇を演じているのだろうが、それでもにじみ出る情を感じることはあった。

最初の検査入院で拘置所を出る時、リーダー格だった中年の看守に「帰ってきた時には、本などの私物があるこの部屋に戻してほしい」と伝えた。「わかりました」と応じて交渉してくれたが、所長からは「それは私の権限だ」と叱責されたという。

「それは残念ですね」と言うと、その看守も残念がってくれた。会話が禁じられた中で、そういうやりとりができた一人だった。ある看守は語った。

「昔のように入れ墨を入れたやくざのお兄ちゃんばかりでなく、あなたのような一般の人がここに入ってくるようになったら、拘置所は変わらなきゃいけないんですよ」

私はいつものように黙って聞いていた。

■体重の十五キロ減

入浴は週二、三回。部屋から浴室までパンツ姿で向かう。制限時間は十五分。十二分経過すると「あと三分」と告げられ、着衣の準備を始めなければならない。生来、不器用な私は十二分では体を洗えない。

このころには、単に立ち上がることにもひと苦労していた。浴室に設置されたバリアフリーの手すりに頼っていたが、腰を痛めてふらつくようになると、それも難しくなった。浴室での転倒には看守も警戒していた。

拘置所の医師からは「風呂に入ると、のぼせて脳震盪を起こしかねない。シャワーだけにするように」と言われた。シャワーのほうが体を洗う時間の余裕が生まれるため、浴槽に入ることをあきらめた。入浴は背中にできた皮膚病のかゆみを抑える意味もあったが、自殺防止のため長いタオルは使えないので、かゆいところが掻けずに苦しんだ。拘置所生活のわずかな慰めでもあった入浴の時間だが、それすら体力がもたずに危うくなってきた。

金曜日に「今日は入浴を控えます」と告げると、看守から「これを外したら、もう月曜日まで入れない。無理しても入ったほうがいい」と促された。親切心からの言葉に応じるため、必死にシャワーを浴びた。しかしその後、体が弱って下着を着けることすら満足にできなくなった。

体調は次第に悪化していった。不思議なことに空腹と食欲不振が同時にやって来る。お腹がすいてぐうぐうと鳴っているのに、目の前にご飯が出ても胃袋に入らない。看守らも気にして「食べろ、食べろ」「目をつぶって掻き込め」と言う。しかし、どうしても入らない。どんどん痩せていき、体重は逮捕時から十五キロ近く落ち込んだ。

第四章　生　還

■接見中の昏倒

逮捕から五カ月が過ぎた二月十九日、弁護士との接見中、気を失った。人事不省に陥ったのは三回目だった。数分して意識が戻ると、机の上にちり紙が置いてあった。後から聞いたところでは、途中から話しかけても反応しなくなり、白目をむいたままぐったりして椅子から崩れ落ち、口と鼻からよだれと鼻水を垂らしていたそうだ。それを見るに見かねた看守がちり紙で拭いてくれたという。

意識を取り戻した私は極度の貧血状態で、いったん車椅子で医務室へ運ばれた。治療してもらえるのかと思ったが、私が接見中に昏倒したという報告もなされない。医務室には月に一度来診する循環器内科の医師がいて、高熱と全身発汗で洗面器を手に嘔吐している私に向かって「採血の結果を伝えます」と事務的に告げただけだった。もう一人の常駐医師は私から目をそらして関わらないようにしていた。

私は体温や血圧を測られることもなく、まして貧血の治療も受けられず、そのまま独居房に運ばれ、鍵をかけられた。ようやく意識がはっきりしてきたら、全身からの発汗で敷布から敷き布団までがぐっしょり濡れていた。敷布は取り替えられたが、あとは一人放置されたままだった。ここではモノとして扱われることをあらためて思い知らされた。

虚偽の自白をしなければ保釈が認められず、非人道的な勾留が続く。それを強いる検事のいいなりにならないよう気持ちを奮い立たせてきた。しかし、それにも限界がある。次第に追い詰められて、どこかで限界を超える。それが私の場合、失神という形で表れたのではないか。

弘中弁護士の父親が一過性脳虚血発作で私と同じように昏倒し、コンクリートで頭を打ったことで亡くなったという。ちょうどそれと似た状況だった。弘中さんら弁護団は「一刻も早くここから出さなければ」と私の〝救出作戦〟を練り始めた。

拘置所側も驚いて、それを機に常時車椅子での移動になった。彼らは自分たちの責任回避を最優先に考える。基本的な思想は事なかれ主義であり、車椅子を付けたのも私の体調を心配してのことではない。拘置所内で倒れて頭を打ってもしものことがあれば、自分たちの責任が問われる。それを回避するため、つまり保身のための車椅子なのだった。

■死を覚悟した瞬間

ストレスと寒さが私の身体を蝕(むしば)んでいた。食を受け付けず、だんだん体力が落ちてくると、どこまで体重が落ちるのだろうと恐怖に襲われる。

部屋と廊下の間には食事の器を出し入れする小窓があり、小窓からそばの小机まで椀を運ぶ必要がある。座ったままでは小窓に手が届かないため、立ち上がらなければならない。立つ時にヨロヨロっと足を取られてしまう。運ぶ際によろけて椀をひっくり返してしまうことが怖かった。

本を読んでいても座っていても、呼ばれれば即座に起立しなければならない。しかし、机に手をついて身を起こさなければ立ち上がれない。「そんなに早く立ったら危ないから、ご購読ありがとうございました。
アンケートにご協力をお願いいたします。 voice

お買い上げの書籍タイトル

ご購入書店

市・区・町・村 書店

本書をお求めになった動機は何ですか。

□新聞・雑誌・WEBなどの書評記事を見て（媒体名 ）
□新聞・雑誌などの広告を見て
□テレビ・ラジオでの紹介を見て／聴いて（番組名 ）
□友人からすすめられて □店頭で見て □ホームページで見て
□SNS（ ）で見て □著者のファンだから
□その他（ ）

最近購入された本は何ですか。（書名 ）

本書についてのご感想をお聞かせくだされば、うれしく思います。
小社へのご意見・ご要望などもお書きください。

ご協力ありがとうございました。
いただいたご感想は、全文または一部抜粋のうえ、本の宣伝等に使用する場合がございます。

おそれ
入りますが、
切手を
お貼り
ください。

読者ハガキ

151-0051
東京都渋谷区千駄ヶ谷3-56-6
(株)リトルモア　行

Little More 

ご住所　〒

お名前(フリガナ)

ご職業　性別　年齢　才

メールアドレス

リトルモアからの新刊・イベント情報を希望　□する　□しない

※ご記入いただきました個人情報は、所定の目的以外には使用しません。

ゆっくりでいい」と言ってくれる看守もいたが、イラついた若い看守は食器を乱暴に扱い、食べ物を廊下に散乱させたことがあった。

二月ごろのことだった。

何度も倒れ、拘置所では命をつなげるか覚束ない。何とかここを出られないものか。拘置所の医務室でそんな思いを漏らしたことがある。すると医者が冷ややかに告げた。

「角川さん、あなたは生きている間にはここから出られませんよ。死なないと出られないんです。生きて出られるかどうかは弁護士の腕次第ですよ」

隣にいる刑務官を見ると、無言でうなずいていた。

恐怖と怒りで全身が震えた。ここにいてはだめだ。一刻も早く出なければ、ここで息絶えることになる。死をはっきり覚悟した瞬間だった。

そして、検察は私が息絶えることを望んでいるのではないかとさえ思った。決め手となる物的証拠がなく、関係者の証言だけで構成する「筋の悪い事件」である。無理筋ゆえに余計に自白に頼らざるを得ない。「公判検事はこんな事件を担当したくないのでは」と弁護士も話す。

もちろん、私が死ねば拘置所長の責任が問われることになるだろう。それでも公訴棄却で幕引きとなったほうが検察には好都合だろう。

私のほうも「もう終わりにしたい」と思ったことが何度かあった。ここで私が死ねば、わずかでも収容者の処遇は改善され、少しは世の中の役に立てるかもしれない。検察官は被告人に長期勾留を強いてはいけないし、裁判官は保釈請求を簡単に却下するべきではない。拘置所は収容者の命と健康をないがしろにしてはいけない。「抗議の死」というものを我がこととして考えた。死が身近な存在だった。

■新型コロナから肺炎へ

折から激しい腰痛があった。それを訴えると、拘置所の医師は痛み止めの薬を処方した。医師からは運動を勧められたが、房内を歩き回るのは気が進まない。平日は外に出て、壁で囲われた狭い空間で三十分間、運動をする時間が与えられる。だが冬の寒さの中で三十分間、外気に触れるほうが私の体には障る。

「五分だけ外に出たいんだけど」と頼んでも、それは許されない。そのため部屋にじっとしていることになる。すると、どんどん腰が痛くなる。

一刻も早く検査入院をしたかった。しかし、すぐには入院できない。勾留の執行停止を申し立てて、異例となる二度目の検査入院ができたのは二〇二三年三月一日だった。

慶應義塾大学病院での診断結果は一過性意識消失、肺炎、心房粗細動、薬剤性肝炎だった。当初、入院は五日間の予定だったが、三十九度の高熱を発して肺炎と診断された結果、延長となった。

病院には検察から早く退院して拘置所に戻すよう矢の催促があったという。しかし、病院側は結束して患者の命と健康を守ろうとした。ベテラン看護師長は「角川さん、私たちが体を張りますよ」とまで言ってくれた。どれだけ心強かったことか。

医師によると、肺炎の発症は拘置所で感染した新型コロナが治りきっていなかったからだという。拘置所の医療体制の不備をあらためて思い知った。もし拘置所で肺炎を発症していたら、最新の設備がない不十分な医療体制では、病院のように迅速で的確な検査と治療ができたとは思えない。

病人用フロアにいる看守からは、

「角川さん、ここで肺炎を起こせば出られたんですよ」と耳打ちされた。要するに、拘置所は収容者が病死する前に必ずここから追い出すはずだ、というのだった。そら恐ろしくなった。

拘置所に戻ったのは十三日後。ようやく暖房入りの部屋に入ることができた。

実は拘置所を出た後の診断で分かったことだが、私は骨粗鬆症による「腰椎椎体骨折」を起こしていた。それが激しい腰痛の原因だった。拘置所ではエックス線撮影をしたが、骨折を発見できなかったか、発見しても見て見ぬふりをしていたのである。

■最後の救出作戦

三月九日の第四次保釈請求は、裁判官の「執行停止中の保釈請求は不適法」との指摘を受けて取り下げた。次の保釈請求は四月十八日のことだった。

その直前、私は弁護士と接見している時に再び体調を崩していた。そのため次に控えていた妻との接見もかなわなかった。夫の異変に妻はうろたえ、さらに心労を募らせたようだった。痩せ衰えた体はいっそう小さくなった。

弁護団も危機感を覚え、瀕死（ひんし）の私を救出するべく方針を変更する決断をした。検察側の主張のうち、いくつかの点に関しては争わないことにしたのだ。

公判では検察側から有罪を立証するため何点もの請求証拠が提示されるが、弁護側が「同意」すると証人は呼ばれない。すると弁護側は反対尋問を行う機会が減る。今回の場合、事件に関わるすべてについて「不同意」、つまり争うとなると保釈が認められず、私の体がもたないと判断された。そこで根幹となる共謀と賄賂の認識については「不同意」としたものの、その他多くの部分は「同意」することにした。

裁判官の判断を変えて保釈を勝ち取るための苦渋の選択だったが、公判で検察と対峙する際、不利になることを覚悟しなければならなかった。ここまで調書に拇印を押さずにきた私としては不本意であり、無念でもあった。

しかし今回の保釈請求が却下されれば、公判開始まで請求の機会はなく、拘置所生活がさらに長引くことになる。そうなれば私の命がいっそう危険にさらされる。弁護団はさらに保釈後の電子機器・携帯電話の利用禁止や、多数の関係者との接触禁止、株主総会への参加禁止なども受け入れることにした。これはつまり保釈後も経済人であることを禁じられることを意味した。

すると今回は、裁判所からなかなか返事が来ない。弁護士に聞くと、「裁判官としても、状況から簡単に却下するわけにはいかないからだろう」と言う。ただ、三度も却下されている身としては期待し過ぎないようにしていた。

裁判官が保釈を決定したのは、請求から九日後の四月二十七日昼のことだった。検察は裁判官の判断を不服として決定の取り消しを求める準抗告を申し立てた。

彼らはどうしても私を拘置所に閉じ込めておきたがった。体調がさらに悪化しようが、死に瀕しようが、意に介さない。なぜなら最終的に勾留を決めるのは裁判官であり、あくまで意見書を出しただけの検察官は責任を追及されない構図になっているからである。

この日の午後八時二十分、検察の準抗告は棄却された。私の保釈が決まった瞬間だった。

■死地を脱する

自由の身となった私は、自宅に報道陣が詰めかけるのを防ぐため、ハイヤーでリーガロイヤルホテル東京に向かった。

この周辺は早稲田大学出身の私には懐かしい場所だった。個室の窓から眼下の大隈庭園を眺め、美しい緑を堪能した。外界を遮断するための窓ではなく、外の景色を眺めるための窓。これこそが本来の窓である。

久々の清潔な部屋だった。風呂も広い。だが逮捕前七十キロあった体重は五十四キロまで落ち、体力に自信が持てない。転倒の恐れがあるため湯船には浸からず、シャワーで済ませると、早々ベッドに身を横たえた。

朝食はルームサービスでアメリカンブレックファストを注文した。ご飯とみそ汁の和食だと拘置所の食事を思い出してしまう。卵はオムレツでもスクランブルエッグでもなく、ゆで卵にした。

二十歳過ぎのころ、角川書店の教科書を売るために五月から六月までの四十日間、全国を行脚（あんぎゃ）したことがある。当時、角川にいた教科書販売のための出張者は三十人ほどだった。毎朝、旅館で殻のままの生卵が出てくる。だから卵を見ると苦しかった教科書売りを思い出してアレルギーが出るという社員もいた。当時は同情していたが、いま思えばすごく贅沢なことだったのだ。六十年ほど前のそんな古い記憶がよみがえった。

拘置所では卵が一個丸ごと出てくることがなかった。殻の付いた卵の形を見ることが拘置所を出たことを実感させてくれる。だから卵は卵の形をしていなければならない。それが自分にとって外界、現実の社会に出るということだった。

それまでホテルの朝食をおいしいと思ったことはなかったが、この時は掛け値なくうまいと思った。久々に完食した。

私が拘置所で俳句を作ることができたのは、九八パーセント自然光がない環境だったからだ。自分の影を愛おしいと感じ、窓の隙間から見える満月に心奪われたからである。

こんなに光があふれたところで俳句はもう作れないと思った。それは痛切な実感であり、自分への戒めでもあった。だから、もう俳句を作ることはなかった。

■憤りの中の決意

保釈後、しばらくは放心状態にあった。保釈条件による厳しい行動制限付きとはいえ、その中での自由のありがたさと心の豊かさを味わった。

しかし一方で、どこかで監視されているのではないか、後を付けられているのではないか、という見えない検察の目に四六時中、怯えた。そして、自分が受けた理不尽な仕打ちに対するやり場のない感情は心の底で渦巻いていた。

体調を取り戻してから、事件に関わる調書や過去の冤罪事件の記録、司法制度や人権保障に関する解説書などを読み漁った。拘置所内でも大量の本を読んだが、保釈後は自分の身に降り掛かった災厄を日本の刑事司法の中にどう位置づけるかを知るための読書であり、勉強だった。

刑事裁判で無罪が確定した人には、刑事補償法に基づいて拘束の期間や種類、財産上の喪失などに応じた「補償金」が支払われる。これに加えて誤認逮捕や虚偽の自白の強要など違法な捜査によって損害を被った場合、国に慰謝料を求める国家賠償請求訴訟を起こすことができる。

私は来るべき刑事裁判で、この身に着せられた汚名をそそがねばならない。それはKADOKAWAの未来を担う次世代の経営陣、社員のためでもある。

しかし、私には個人の救済に終始する刑事裁判や既成の賠償制度、国賠訴訟だけで自分の中でのたうち回る感情を表現できるとはどうしても思えなかった。

あの日、「あなたは生きては出られない」と拘置所の医師に言われた瞬間、深い絶望の後に私の中で何かが弾けて焼け付くような怒りが突き上がってきた。

ここには基本的人権はない。人間の尊厳が根底から奪われている。冷たい壁と監視カメラを意識しながら考えていると、激しい感情が怒濤となって湧き上がり渦巻いた。

人質司法の犠牲者は私だけではない。これまでも数え切れない人たちが苦渋を味わい、いまも苦しみのただ中にいる。この人質司法というシステムそのものを正さなければ、これからも犠牲者は後を絶たない。この国はこのままではだめだ。変えなくてはいけない。

拘置所の中で父の孤独を知った私は、自らの人生を振り返り、これからは人間の尊厳という普遍的価値の追求に自らの生をなげうつよう思い定めた。私たちの人権を守るためにこの社会から人質司法をなくす、という決意であった。

人によっては、つらかった経験を記憶から消し去りたいと願う人もいるだろう。しかし、拘置所で私が味わった体験を忘れてはいけない。忘れることもできない。忘れれば、これから始まる困難な闘いを全うすることはできない。

第二部

第一章　人質司法

■無数の犠牲者

ようやく社会に復帰を果たした後、最初に声をかけてくれたのは佐藤優さんだった。佐藤さんは私と同じ勾留体験を持ち、名著『国家の罠』を著した作家だ。

保釈中という現実の第一歩をどこから踏み出せばいいのか。焦りとも嘆きともつかない気持ちを持て余していた私を奮い立たせてくれたのは、会食時に佐藤さんからかけられた言葉だった。

「会長は生きてあそこを出たのだから、生きて出たことの社会的使命があります。会長が自分の弁護士になってください」

自分の闘いを弁護士たちに任せるだけでは充分ではない。自分の闘いは自分で闘え。私にはそう聞こえた。

顧みれば、私怨による怒りはいつの間にか溶け去り、自分がこの世に存在する意味は何なのかという思いが昂（たかぶ）っていた。だから佐藤さんの励ましが胸にこたえた。

「私の闘い」とは何か。それは刑事裁判における無罪獲得のみならず、より本質的には被疑者・被告人の人権を蹂躙（じゅうりん）する人質司法をこの世からなくすことであり、最終的には刑事訴訟法にとどまらない司法全体の改革である。

「人質司法」という言葉は一般には知られていないが、これまで繰り返して述べてきたように、被疑者・被告人が否認や黙秘をしている限り、長期間勾留されたり接見禁止を付されたりする未決勾留制度を指している。「無罪の主張をあきらめれば、外に出してやる」と身体を「人質」にして虚偽の自白を強要する手法は冤罪の温床となってきた。

もう一つ、家族や部下、友人がまさに「人質」に取られて虚偽の自白を強いるケースがある。例えば、原発反対、道州制反対を訴えた佐藤栄佐久福島県知事（当時）が二〇〇六年に収賄容疑で逮捕された事件では、まず佐藤氏の実弟が競売入札妨害の疑いで逮捕されて「人質」となり、実弟の会社幹部が自殺を図った。さらに後援会幹部が聴取されたことで、佐藤氏は検察の筋書き通りの虚偽の自白に追い込まれた結果、有罪判決が確定した。人質司法を支えているのが、これまでに記してきた拘置所における数々の人権侵害である。あらゆる領域にわたる自由の剝奪（はくだつ）や劣悪な生活環境と不十分な医療体制は一種の拷問とも言える。

そして特捜検察による国策捜査で最大の武器となるのが、この人質司法である。発生型の事件は必ず犯人がいるが、国策捜査は検事が「立件」しなければ事件にならない。そこに人間の恣意が入り、人質司法による不当な処罰や冤罪が生まれる。

国策捜査の標的は、時代をさかのぼれば田中角栄氏、あるいは小沢一郎氏のような政治家から始まり、外務省に在籍していた佐藤優さんや厚生労働省の村木厚子さんのような官僚に及び、さらには堀江貴文さんや村上世彰さんら経済人をはじめとする民間人に広がっている。反体制的な運動家や革新的な実業家、注目を集める時代の寵児ら総じて社会の改革派とみなされる人々など、いまや手当たり次第という感すらある。

もちろん、国策捜査だけではない。毎年十万人近くにも及ぶ一般人が警察・検察に逮捕され、うち約九割がそのまま刑事施設に勾留されている。人質司法によって挫折感を味わい、あげく人生を狂わされた人は数えられないほどいるはずだ。この制度が続く限り、どれだけの人が私と同じ体験をするのか。それを思うと胸が押し潰(つぶ)されそうになる。

■メディア主導の「人民裁判」

私が人質司法の恐怖を最初に体感したのは、マスメディアによる犯人視報道だった。社会で注目される刑事事件では、特捜検察はメディア報道を利用して被疑者や被告人を「犯罪者」に仕立てあげ、世論の後押しを得て強引に捜査を進める。自分が身をもって体験すると、これはまさに現代の「人民裁判」である。

その主犯たる新聞・雑誌・テレビなどの報道陣が被疑者の自宅を取り囲むところから「劇場型の人民裁判」はすでに始まっている。自宅に出入りする当人や家族に過激な取材攻勢をかけ、近所や職場を嗅(か)ぎまわる。

「ガサ入れ」と言われる会社や自宅への証拠調べで事務官が大仰に立ち入る情景をカメラがリアルタイムで映し出す。劇場型捜査は逮捕の瞬間にピークを迎える。手錠をかけられた被疑者がうつむいて捜査陣に連れられていく様子をカメラは執拗(しつよう)に追う。被疑者がいかに悪辣で狡猾だったかを書き立てる。

国策捜査の場合、メディアの制裁はあからさまだ。逮捕の瞬間から標的にされた国会議員や知事は「悪徳政治家」になる。金融商品取引法違反の容疑で逮捕・起訴されたカルロス・ゴーン氏は「日産の救世主」から一転して「強欲な独裁者」として断罪された。

インターネットが登場する以前の二十世紀型アナログの時代、テレビや新聞はマスメディアとして一目置かれていた。当局はそうしたメディアに「記者クラブ」という特権を与え、太平洋戦争末期の大本営発表よろしく当局側にとって都合のいい情報を流してきた。

国際ジャーナリスト組織「国境なき記者団」が毎年発表する「報道の自由度ランキング」二〇二四年度版で、日本は主要七カ国（G7）の中で最下位の七十位だった。アジア諸国・地域では二十七位の台湾、六十二位の韓国よりも下位にある。日本の報道に対しては、記者クラブによる閉鎖性と当局の発表に依存する「発表ジャーナリズム」が繰り返し批判されてきた。

さらに検察は世論を操作するために自分たちに利する情報を意図的に記者にリークする。一方、自分たちに不利な報道をする記者には記者クラブや検察庁への「出入り禁止」と取材拒否をちらつかせて「アメとムチ」でメディアを手なずけてきた。

そもそもメディアに対する検事の情報漏洩は国家公務員の守秘義務違反である。メディアは人民裁判の共同謀議に加担していると言われてもおかしくはないだろう。取材に来た記者は検察しか知り得ない情報について検事のような口調で問いただしてくる。私は記者の中に「隠れ検事」がいるのではないかとさえ思った。

任意聴取された際、担当の久保庭検事に検察の情報リークに対して、「家族の神経がズタズタにされている。何でこんなになっているの」と抗議したことがある。それに対して久保庭検事は、「上の人がやっちゃったんですよ。本当に悪かった」と上司のリークを認めて謝罪した。

検察とメディアが一体となり、人質司法と人民裁判の両輪で事件を捏造する構図は何ら変わっていない。

■繰り返される犯人視報道

静岡で一家四人が殺害された「袴田事件」の再審開始の審理は、奇しくも私が拘置所にいた時と同時期に進んだ。強盗殺人罪などで死刑が確定した袴田巖さんの再審請求をめぐり、最高裁の差し戻し後の審理で東京高裁は二〇二三年三月、静岡地裁の再審開始決定を支持し、再審開始が確定した。

新聞各紙は「『無罪推定』が刑事司法の原則であることを確認し、『犯人』と決めつける報道は避ける」(二〇二三年三月二十四日付、毎日新聞)などと捜査当局の情報を疑うことなく袴田さんを犯人視した報道への猛省を表明した。

ところがその一方で、五輪汚職に対してメディアはこれまで通り検察のリーク情報をそのまま報じた。私のことを「ワンマン経営者」「絶対的権威」「絶大な影響力」と形容し、五輪のスポンサー契約が私の指示でなされたという検察ストーリーを補強する報道を繰り返した。

以前、TBSの経営者の中でも名社長とされる山西由之さんに言われたことを思い出す。「新聞報道はその日その日で終わり、過去に報じたことを忘れ去る。だから立場が一貫しない。そこにデイリーに発行される新聞の欠陥がある」

人質司法とメディアによる人民裁判は、拘置所にいる被疑者・被告人を社会から抹殺する「中世の断頭台」として機能することを知ってほしい。

■消えない犯罪者の烙印

人は社会人として世に出てきた以上、いかにして社会に認められる存在になるかを目標にし、努力もしている。

ところが、その社会はリスクと不条理に満ちていて、いつ足をすくわれるかわからない。そして思いもよらぬ犯罪に巻き込まれることもあるだろう。その結果、逮捕、起訴されても有罪判決が確定するまでは無罪と推定される被疑者・被告人は、法律上は一般人と何ら変わらないはずである。

しかし、現実には被疑者・被告人はあらゆる社会的地位を放棄せざるを得なくなる。メディアによって犯罪者扱いにされ、日本の保守的な社会構造によって普通人として生活できなくなる。

さらに検察は「保釈してほしいなら社会的立場を放棄せよ」とばかりに長期勾留を強いる。私の場合も起訴後、二回目、三回目の保釈請求をする中でＫＡＤＯＫＡＷＡをはじめ複数の会社、団体、財団の役職や社外役員をすべて辞任せざるを得なかった。

業務上横領容疑で逮捕され、無罪判決が確定した当時、東証一部上場の不動産会社「プレサンスコーポレーション」社長の山岸忍さんは二百四十八日間の勾留中に社長を辞任し、自分が創業した会社の株を同業他社に売却することを強いられた。さぞ無念だったに違いない。KADOKAWAを一九九八年に上場させた経験を持つ私には、その心中が痛いほど分かる。

政治家は逮捕されても再選のチャンスがある。官僚は再就職先がある。しかし信用の上に成り立っている経済人は被疑者になった途端、有罪・無罪に関わりなく社会的地位を剝奪される。日本社会に根付いた「掟(おきて)」による人民裁判は過酷である。

この「抹殺される」「再起できない」という思いが焦燥感につながり、非人道的な扱いや品位を傷つける扱いをする「拘置所の思想」で精神的にいためつけられ、やがて肉体をも蝕まれる「小菅病」へと進行する。検察はその焦りと怯えに乗じて、真実とはほど遠い自白へと追い込んでいくのである。

私たちはどこかで「検察の正義」を信じている。私もそうだった。刑事専門の弁護士に「検事は平気で嘘をつく」「ありもしない証拠をでっち上げる」と言われても、一般の人間は自分が当事者になるまで、そんなことは到底信じられないだろう。

だから、たとえ裁判で無罪を勝ち取っても、打ち続く人民裁判からは逃れられない。一度押された犯罪者という烙印は、「レ・ミゼラブル」の主人公ジャン・バルジャンの入れ墨のごとく決して消えることはない。

現代の「入れ墨」はさらに悪質だ。いったん犯罪者のレッテルを貼られると、インターネット上に個人情報の一切を暴露され、世界中にばらまかれて半永久的に消えることはない。

■世界の趨勢に反する捜査手法

刑事訴訟法は、保釈の請求を受けた裁判官は原則的にこれを許さなければならない、と定めている。しかし現実には、罪を認めた被告人は容易に保釈が認められるのに対し、否認する被告人に検察は罪証隠滅や逃亡の可能性を強弁し、裁判官のほとんども保釈を認めず、身体拘束が続く。つまり法律がいくら権利保障を謳っていても、運用が真反対になっているのが実態である。

これは統計によっても裏付けられる。第一回公判期日前に保釈されている被告人の割合を見ると、公訴事実を自白している被告人は全体の約二六％で、否認している被告人は約一二％と半分以下。つまり無罪を主張している被告人の八～九人に一人しか公判前に保釈されていない。自白している被告人の約七割が一カ月以内に保釈されているのに対し、否認している被告人の約七割が保釈されるまでには約六カ月を要している（二〇二一年、改正刑訴法に関する刑事手続の在り方協議会資料）。

高野隆著『人質司法』（角川新書）によると、自白事件の第一回公判は一般的に起訴後、一～二カ月後に開かれ、二週間後くらいに判決が言い渡されるが、否認事件では第一回公判の開始が遅くなる。事件が「公判前整理手続」に乗せられた場合、証拠開示の手続きなどに時間を要し、一年以上かかることも珍しくない。否認事件の場合、起訴直後に保釈されるケースはほとんどなく、十人のうち七人以上は裁判が終わるまで勾留が続くのである。

私は二百二十六日でようやく拘置所を出ることができたが、検察官請求証拠の多くに「不同意」を続けていたら、いまも独房にいた可能性が大きい。「オリンパス粉飾決算事件」で一貫して無罪を主張した横尾宣政氏のように九百六十六日の長期勾留に及ぶ場合もある。

二〇二四年四月四日の参議院法務委員会で、人質司法に関する福島みずほ議員の質問に対して、刑事局長は「一般論として、被告人の供述態度は罪証隠滅や逃亡についての被告人の主観的意図を判断する資料として重要な意味を持つ」と答弁した。

二〇二三年七月、東京地検トップの検事正に就任した山元裕史氏は記者会見で「供述や証拠などさまざまな面をバランスよく検討して適切な対応を考えていきたい」と述べた。世界の趨勢に相反し、客観的証拠よりも自白に頼る検察の捜査手法がバランスを欠いていることを認識しているからこその発言だろう。

■長期勾留が奪った命

人質司法によって命を落とした人もいる。

二〇二〇年だから現在進行形の悲劇である。生物兵器の製造に転用可能な機器を無許可で輸出したとして化学機械メーカー「大川原化工機」の経営幹部三人が逮捕された事件で、検察は容疑を否認する三人を十一カ月間勾留し続けた。

顧問だった相嶋静夫さんは拘置所内で重度の貧血を起こして輸血を受けた。拘置所の貧しい医療体制の中で悪性腫瘍と診断され、外部の病院での精密検査や治療を再三訴えたが、九日後に裁判所が認めたのは非情にもわずか八時間の勾留停止だった。

病院では「進行胃がんで精密検査が必要」と診断されたが、直後の五回目の保釈請求も検察による請求却下の意見書に応じて却下された。勾留執行停止状態で入院した三カ月後、相嶋さんは七十二歳で亡くなった。その後、違法捜査による冤罪が判明し、検察は起訴を取り消した。

相嶋さんの遺族は拘置所の医療対応が不適切だったとして国に損害賠償を求める訴訟を起こしたが、東京地裁の男澤聡子裁判長は二四年三月、「診療行為には合理性がある。医師に違法な行為はなかった」として請求を棄却した。

刑事施設の医療体制の不備は以前から指摘され、法務省の「矯正医療の在り方に関する有識者検討会」の報告書（二〇一四年）では「崩壊・存亡の危機にある」と警告している。赤池一将・元龍谷大教授（刑事法学）は「刑事施設の医療は、本人の健康のためではなく刑や勾留執行のためとされてきた」。確実に適切な治療を受けるには保釈を得るしかなく、そのために「捜査機関のストーリーに沿った虚偽の自白を招く恐れがある」と指摘している（二〇二四年三月二十二日付、朝日新聞）。

すなわち捜査機関は死に至る病人にも人質司法を活用してきたのだ。現在の刑事司法は人間が人間的な生活を送る権利をないがしろにするどころか、すべての人が有する生きる権利をも奪うことを厭（いと）わない。相嶋さんの非業の死がそれを裏付けることになった。検察官、裁判官、医務官、看守、誰か一人でもヒューマニズムに思いを致せば、相嶋さんが命を落とすことはなかったはずだ。

判決の後、私はご遺族のご長男に会って話を伺った。相嶋さんは拘置所で「このまま殺されちゃうな。ここで死にたくないな」と妻子とともに嘆いたという。せつない言葉である。相嶋さんとは面識こそなかったものの、「あなたは死なないところ（拘置所）を出られませんよ」と告げられた私は、ほぼ同じ時期に東京拘置所で同じような体験をした相嶋さんの死に自分の運命を重ねていた。

「大川原化工機事件」と「五輪汚職事件」にはいくつかの共通点がある。まずいずれも事業家を標的にして事件化した「立件事件」である。発生事件と異なり、他人を傷つけた犯人はいない。両事件とも無罪を主張する病気の高齢者の保釈請求を何度も却下して死の淵に追いやった。そして実際、一人を死亡させた。

東京地裁の冷酷無比な判決にはメディアからも厳しい批判が寄せられた。裁判を手弁当で支援したいという弁護士も現れた。「父の無念を晴らすため、これからも闘っていく」と話すご長男を私は同志のように感じた。ほどなくしてご遺族は控訴することを明らかにした。

■人権侵害を招く法律の無知

保釈後の学びによって知ったことの一つは、拘置所に閉じ込められた収容者の立場に立った法律があるということである。

二〇〇六年に施行された「刑事収容施設及び被収容者等の処遇に関する法律」(刑事収容施設法)である。前年に廃止された、その名も忌まわしい「監獄法」は、一九〇八(明治四十一)年施行後、約百年間、実質的な改正がなされなかった。

この法律の制定に至った精神は、憲法に記された基本的人権の保障は逮捕、起訴された被告人にも受刑者にも国民の一人として適用されるということであり、それを具体化するための法律と言っていい。

例えば監獄法では新聞紙面の関連事件記事は墨塗りで消されていたが、新法によって新聞や書籍の閲覧は収容者の権利になった。私は拘置所で新聞を毎日読めたし、書籍も一人の訪問者で一回まで(上限三冊)が差し入れ可能になった。手紙のやりとりは厳しい制限があるからほとんど許されていないが、検察告発本や冤罪の手記を看守の目を気にしながら読む必要はなかったのだ。

憲法第三十六条は「拷問と残虐な刑罰」を禁止しているが、日本政府が批准した国連の拷問等禁止条約第十六条は「非人道的な、若しくは品位を傷つける取り扱い」を虐待とし、拷問としている。であれば、独居房で排尿・排便する姿が看守らに見られる環境は明らかに拷問であり、条約違反である。このようなことから日本は恥ずかしいことに、世界から最低水準の「人権後進国」と言われているのだ。

刑事施設の収容者の処遇は、憲法から刑事訴訟法、刑事収容施設法へ行くに従って具体的に表現されている。さらに日本が批准した国連の国際人権条約が国内の法律に優位することは憲法に定められている。条約に抵触する法律は早急に改正されなければならない。この悲惨な現状を放置することは、裁判官、検察官、拘置所のみならず、政治の怠慢でもある。

しかし、私は以上のような事実をすべて保釈後に学んで知った。私が拘置所で受けた仕打ちは実のところ、憲法と国際人権法を公権力が無視し、下位の法律の運用をゆがめていることによる被害だったのであり、「拘置所の思想」そのものが国際人権法違反だったのだ。

第一部に記したように、私は自分の誇りと尊厳を守るために検察の思惑や拘置所の思想と精一杯闘っているつもりだった。だが結局は検察官に翻弄され、裁判官に放置され、看守に支配され、私の人権は侵害されていた。

人権侵害が横行する根幹には法律に対する私たち収容者の無知がある。例えば、憲法が保障する「基本的人権」が拘置所において具体的に何を示しているのかが私には分からない。国際人権法、憲法、刑事訴訟法、刑事収容施設法といった法律を知らなければ、収容者の権利は具体的な形としては立ち現れてこないのだ。

しかし、裁判官や検察官、看守からは刑事収容施設法の存在すら伝えられない。弁護士からも十分に説明されない。自分の身を守ってくれるはずの法律を知らないことは、収容者にとっては致命的である。

被疑者・被告人に対して憲法第三十八条または刑事訴訟法百九十八条に書かれた黙秘権の告知義務があるように、収容者の権利を定めた各法律について裁判官か検察官か看守が収容者に伝える義務があるのではないか。三者のいずれかがその義務を負うよう法律を改定するなり新法を制定するべきだとも思う。それは人質司法に対する有効な防波堤になるはずだ。

■司法を歪める検察の強権

日本の検察の無謬性を示す数字としてしばしば刑事裁判の九九%以上の有罪率が挙げられる。しかし、先進国の中でも異様に高いこの数字にはからくりがある。

本来は逮捕された被疑者の総数を母数に有罪率を出すべきだが、実際は被疑者のうち起訴できた三割から四割を母数にしている。無免許運転や万引き、覚醒剤所持の現行犯なども含むため有罪率はさらに高くなる。

問題なのは、逮捕後、「起訴猶予」や「嫌疑不十分」で釈放された人たちだ。彼らは有罪にするに足る証拠を得られていないにもかかわらず、二十日間以上の身柄拘束と非人道的な取り調べを強いられている。皮肉にも発表された数字は人質司法の実態を物語っている。

そして最大の問題はこれまで見てきたように、人質司法によって本来、無罪にすべき事件が有罪になっているケースが少なくないということだ。すなわち冤罪である。

検察はいったん起訴すれば、組織のメンツにかけて有罪判決に持ち込もうとする。無罪になれば、検察ばかりか長期勾留を承認した裁判所の責任も問われることになる。メディアの犯人視報道にも抗して人質司法に加担した裁判所が無罪判決を出すことがいかに困難か。九九％以上の有罪率は刑事司法が弱者の人権を尊重するという立法精神に反して健全に機能していないことを示す数字でもある。

被疑者を逮捕し、二十日間の取り調べを経て起訴に持ち込んだ検察側は、この段階で証拠から証人まですべてを掌握している。立件事件では、その上で検事に都合のいいシナリオを描くという絶対的な支配権を握っている。

一方、弁護側は検事がメディアにリークした報道と被疑者との接見から得た情報しか手にしていないという心もとない状況にある。保釈を検討する裁判官は、請求すれば関係書類を見ることができることになっているが、現実はほとんどの裁判官が検察官にとって都合のいい「意見書」しか見ないまま判断しているという。

しかも刑事裁判で検察側は強制捜査によって収集した膨大な証拠のうち、有罪を立証する証拠だけを開示し、弁護側に有利になる証拠は開示しない。弁護側は検察側がどんな証拠を持っているのかさえ知らされないという不公正がまかり通っている。

検察に客観的な立場で被疑者を公平に扱うことなど望むすべもない。捜査権に加えて、起訴する権限を独占する検察の力が強くなりすぎていることが、この国の司法を極端に歪めている。逮捕権の濫用が目立つ昨今の検察はやがて自壊の道を歩むことになるかもしれない。

■身をもって知る人質司法

どう見ても違法な人質司法に疑問を持っている検事は当然いるはずだ。しかし、検察庁には「検察官同一体の原則」がある。上の命令には従わなければならず、検事によって異なる立場を取ってはならない。検察全体が人質司法を続ける限り、個々の検事は自分の考えを葬らざるを得ない。良識ある検事でも上司から「人質司法を使え」と命じられれば抗うことはまずできないだろう。

問題なのは、検察が主導していることは間違いないが、そこに拘置所や警察の留置所が加わり、組織だって運営されていることだ。

私の場合は東京地検特捜部に逮捕され、東京拘置所に勾留されたが、警察に逮捕された場合、わずかな例外を除いて被疑者は警察の留置場に二十三日間拘禁され、弁護士の立ち会いがないまま取り調べを受ける。国際的にも悪名高い「代用監獄」制度である。

国連人権（自由権）規約委員会や拷問禁止委員会は、この代用監獄が「自白を得ることを目的とした長時間の取り調べや人権侵害をもたらす取り調べ方法が用いられる恐れを強める」などとして繰り返し廃止を勧告している。

最近、こうした刑事施設の問題が広く認識されてきたせいか、TBS「報道特集」で女子刑務所における受刑者の生活が報道された（二〇二四年三月二日放送）。番組は一定の自由が制限されながらも、テレビがある明るい独居房や集団生活で元気に過ごす受刑者たちを映し出していた。

もちろん、受刑者それぞれの心中は窺い知れず、どこまで実態を伝えているかも分からない。だが少なくとも私が経験した拘置所生活とはまるで違う環境だった。

同じ刑事施設でも両者は全く違う原理で運営されている。すなわち無罪が推定されるべき未決囚（無罪推定の原則）に過酷な勾留生活を強いる拘置所は、虚偽の自白を強要する検察と一体となって機能しているのだ。

さらに先述したように、検察官による勾留延長請求を認めるかどうかを決める裁判官は、検察官の一方的な情報と意見によって判断せざるを得ない。その判断には検察のリーク情報を伝えるメディア報道も影響を及ぼすだろう。

被告人からの保釈請求も法律上は裁判所が決定する制度になっているため、結果的に裁判所もまた被疑者・被告人に虚偽の自白を迫る役割の一端を果たし、検察を支援する機能を担っている。

私は勾留されている狭い独房の暗闇の中で、誰かが私を助けてくれるだろうと四六時中、期待していた。裁判官が突然現れて、「あなたの逮捕は間違いでした。さあ出獄してください。あなたは自由ですよ」と告げることを夢想していた。しかし、それは裏切られ続けた。

そうして人質司法は、強大な力を持つ検察が主導しながら警察・検察・拘置所・裁判所・メディアが一体となって維持されている「システム」なのだと実感し、孤独感が私の小菅病を悪化させたのだった。

変えるべきは検察官や裁判官だけではなく、司法を支配しているシステム全体なのだ。

では、そのシステムを変えるにはどうすればいいのだろうか。

第二章　公共訴訟へ

■社会を変えるための訴訟

拘置所の小さな独房に閉じ込められて、「私は人間としての尊厳を冒されている。これは基本的人権の侵害なのではないか」と思い至った。そして社会復帰後、佐藤優さんから「生きて出られたあなたには社会的使命がある」と言われた。

そんな思いを切々と訴える私の言葉を人質司法の廃絶として受け止めてくれたのが、人権弁護士として知られ、私の刑事裁判の弁護団長を務めてくれている弘中惇一郎弁護士だった。弘中さんは私にこう告げた。

「角川さん、これは憲法と国連に訴えなければだめですよ」

その言葉は私の焦燥感にも似た閉塞気分を射抜いた。

「ではどうしたらいいのですか」と問う私に弘中さんは言葉を継いだ。

「人質司法そのものを裁判に訴えた人はいままでなかったし、憲法違反を問う訴訟を起こしたということも聞いたことはありません」

人質司法が憲法違反であることは明白だ。高野隆弁護士は著書『人質司法』で人質司法が憲法や刑事訴訟法に違反していることを詳細に論じている。私が出会った弁護士や法学者も、その見解は一致していた。


同じころ、「公共訴訟」という言葉に出会った。公共訴訟とは個人の権利回復を求めるだけではなく、社会制度の不備を問うて問題の解決を目指す訴訟を指す。つまりは社会を変えるための訴訟である。

「一票の格差訴訟」や「在外日本人選挙権訴訟」などがそれに当たるが、私の記憶に焼きついているのは、らい予防法廃止後、一九九八年に提起された「らい予防法違憲国家賠償請求訴訟」である。ハンセン病患者の強制隔離を定めたらい予防法は憲法違反だとして元患者らが起こした公共訴訟だ。

二〇〇一年、熊本地裁は原告の訴えを認める画期的な判決を下した。国は異例の控訴断念とともに患者・元患者に謝罪する小泉純一郎首相の談話を発表した。この訴訟の成果の一つは国による人権侵害を公的に認定した点にある。

私はこの公共訴訟の西日本弁護団共同代表の徳田靖之弁護士に会って話を聞いた。ハンセン病問題の根源には日本社会の差別構造があるという。患者らに対する社会の差別意識が国家レベルの人権侵害を招いたのだ。

人質司法の本質も人権侵害である。私は拘置所の中で人間の尊厳が損なわれていることを深く自覚した。それは私の拘置所体験の最終的な帰着点だった。そしてメディアによる「人民裁判」の根底にも、逮捕され罪に問われた人間を「無法者」「異端者」とみなして排除する差別意識がある。

一見関わりのないハンセン病問題と人質司法は「人権侵害」という一点において結び付いている。貧困も女性差別もヘイトスピーチもすべて人権問題といえる。人質司法を問うには、国がすべての国民に保障する義務を負う「人権」という視点が欠かせないことを私は知った。

■「国際人権」という視点

グローバル化した現代で人権を考える際、「国際人権」という考え方が必須となる。国際人権の考え方が発展したのは第二次世界大戦後のことだ。それまでの国際ルールは各国の主権を尊重して「国内の人権問題には干渉してはならない」としていた。だがナチスによるユダヤ人虐殺を経験した国際社会は、戦争の惨禍を二度と繰り返さないためには国内で人権が保障されているかどうかを国際的に監視する必要があるとの認識に至った。

そうして一九四八年に国際連合で採択されたのが、差別の禁止や生命・身体の自由などさまざまな人権を規定した「世界人権宣言」である。それから現在に至るまで国際人権の概念は質量ともに急速に進展し、障害者や性的少数者、先住民などの権利が次々に国際人権の課題となって基準が確立されていった。

一方、日本を顧みると、GHQのダグラス・マッカーサーが日本の軍国主義を一掃して民主主義に基づく日本国憲法が作られたが、それはフランス革命のように市民が血を流して獲得したものではなく、薄皮のようなメッキに過ぎなかった。天皇主権のもと国民の人権を制限した大日本帝国憲法の起草者、伊藤博文が陰で嗤っているのではないか。国際人権について後進国である日本は鎖国状態にあり、いまや「日本の常識は世界の非常識」になっている。その象徴が人質司法である。

例えば、被疑者の取り調べ時に弁護人の立ち会いが許されていないのは先進国では日本だけで、中国や北朝鮮と同列にある。隣の韓国でも弁護人立ち会いや録音・録画制度は早くから導入され、二〇〇七年には明文化された。起訴前の勾留期間も日本の最大二十三日間は先進国中、桁違いに長く、取り調べ時間も突出している。

実際、日本の人質司法は国際社会から繰り返し批判を浴びてきた。国連の人権規約委員会や拷問禁止委員会は何十年も前から代用監獄にとどまらず、日本の司法手続きにおける取り調べや勾留について懸念を表明し、是正・廃止するよう勧告してきた。

国際的な批判を浴びる刑事司法

日本は拷問等禁止条約などの国際人権条約に批准・加入しており、さらに日本国憲法はその国際条約を誠実に遵守することを定めている。だが日本政府はそうした人権勧告に背を向けてきた。

例えば、二〇一三年の国連での「シャラップ発言」は国際的に物議を醸した。ジュネーブの国連拷問禁止委員会で「自白に頼りすぎる日本の刑事司法は中世のなごり」と批判された日本の上田秀明人権人道担当大使が「日本は世界一の人権先進国だ」と反論。会場の苦笑、失笑に「笑うな、シャラップ！　シャラップ！」と叫んで参加者を呆れさせたのだ。その映像は今もYou Tubeで視聴できる。

近年では国連人権理事会の恣意的拘禁作業部会が二〇二〇年、拘置所から国外逃亡したカルロス・ゴーン氏の扱いに対して「四度にわたる逮捕と勾留は明らかに不当」とする意見書を出した。これに対して日本政府は「明らかな事実誤認に基づき、到底受け入れられない」と耳を貸すことをしなかった。

東京・表参道におけるイギリス人の宝石店強盗が本国で身柄拘束された際、日本政府が被疑者の引き渡しを求めたところ、イギリスの裁判所は二三年八月、「日本の刑事手続きに人権上の問題がある」として引き渡しを認めない判決を下した。

刑事収容施設だけではない。スリランカ人女性ウィシュマ・サンダマリさんは名古屋の入管施設で収容中、治療を受けられないまま二一年三月に死亡した。国連人権規約委員会は二二年十一月、入管施設でこの五年間に収容者三人が死亡したことを懸念し、施設内の医療体制の改善を図るよう勧告した。

日本の刑事司法の違法性、後進性はもはや世界に広く知られ、国益を損する事態になっている。政治的にも経済的にも劣化が進んでいる日本で、このままでは倫理的・道徳的にも三流国家になって国際社会から取り残されていく。

■人質司法違憲訴訟の提起

二〇二三年十一月、国際人権NGO「ヒューマン・ライツ・ウオッチ」（HRW）と冤罪被害者を支援する国際組織「イノセンス・プロジェクト・ジャパン」（IPJ）が参議院議員会館で人質司法の被害者二十人を集めて「人質司法サバイバー国会」を開催した。登壇した冤罪被害者、村木厚子さんの言葉に私は耳を疑った。無罪確定後、村木さんと会った検事総長はこう語ったと言う。

「無理がかかっているのはわかっていた。だけど中からは変えられなかった」

日本は刑事司法が全く自浄能力を失っていることを検察トップ自らが認めるという異常

な事態に立ち至っている。そうだとすれば、私たちが国内外の組織と世論に訴えて、外から変えていくしかないではないか。

「憲法と国連に訴えなければだめだ」という弘中弁護士の言葉通り、人質司法の非人間性と憲法違反を国民一人ひとりに知ってもらうには訴訟を起こすしかない──。私は弁護団と話し合いを重ね、私の勾留・保釈却下を違憲・違法とする「人質司法違憲訴訟」を起こすことを決意した。

この訴訟は私個人の被害を救済するためではなく、人質司法という人権侵害制度を広く問うための公共訴訟である。私が無罪獲得を目指す刑事裁判とは全く別の裁判になる。

原告は人質司法の被害者である私、被告は国である。日本には人権を擁護したり人権侵害を救済したりする法制度がないため、人質司法の違法性を問う訴訟は長期間の身体拘束や精神的苦痛、生命の危機に対する慰謝料を求める国家賠償請求の形を取らざるを得ない。

日本国憲法は「何人も、法律の定める手続によらなければ、その生命若しくは自由を奪はれ、又はその他の刑罰を科せられない」（第三十一条）と無罪推定原則を規定している。また「何人も、正当な理由がなければ、拘禁されない」（第三十四条）、「公平な裁判所の迅速な公開裁判を受ける権利」（第三十七条）などと規定するとともに黙秘権や証人審問権、弁護人依頼権などを認めている。

なかでも第三十八条には「何人も、自己に不利益な供述を強要されない。（2）強制、拷問若しくは脅迫による自白又は不当に長く抑留若しくは拘禁された後の自白は、これを証拠とすることができない。（3）何人も、自己に不利益な唯一の証拠が本人の自白である場合には、有罪とされ、又は刑罰を科せられない」とある。

裁判では、人質司法の存在を資料や証言から明らかにしたうえで、人質司法が憲法で保障された基本的人権を侵害していることを立証していく。

さらに国際法は、個人は自由権の一つとして「自白の強要からの自由」を保障している。人質司法が国連の自由権規約が禁じる「拷問又は残虐な、非人道的な若しくは品位を傷つける取扱い」や「人間の尊厳に対する侵害」「恣意的な抑留」「無罪推定原則否定」などに違反することを争点に据える。

人質司法は刑事訴訟法の運用によって常態化してきたが、日本が批准した国際法規は国内法の上位に位置すると考えられている。国際法規に抵触する法律や制度は改正、廃止されなければならないのだ。

初の取り組みとなる人質司法違憲訴訟の弁護団をどう組織するか。少し遠回りして、私と映画との関わりから説き起こしていきたい。

二百二十六日間の勾留生活を強いられ、すべての社会的役職や立場を退任した私は、ただの素浪人になって社会復帰を果たしたものの、今後、隠遁生活に入るか、何らかの社会的貢献はできないものかと考えていた。

■映画人からの授賞

そんな中で声をかけてくれたのが映画人たちだった。日本アカデミー賞の組織委員に推薦され、さらに私が関わった映画で日本映画製作者協会所属の現役プロデューサーが選ぶ「新藤兼人賞」のプロデューサー賞を贈られるという知らせがあった。まだ晴れがましい場に出る気持ちになれずにいたが、周りからも勧められてお受けすることにした。

授賞式ではいろいろな方からお祝いの言葉を掛けられ、その後も各界から励ましをいただき、多くの人に気にかけていただいていたことを実感した。

突然の逮捕でプッツリ切れた仕事の中に、実は辺見庸さんの小説『月』を映画化する企画があった。辺見さんには名著『もの食う人びと』の文庫化を許諾していただき、何らかの作品を映画化したいとの思いがあった。だが入所者十九人が刺殺された相模原障害者施設殺傷事件を題材にした『月』の映像化は非常に困難だとも感じていた。

そこに手を挙げてくれたのが、独立系の映画製作会社「スターサンズ」の河村光庸氏だった。もともと出版社を経営していた河村氏は映画界に転身して、さまざまな映画賞を受賞した『あゝ、荒野』『新聞記者』など次々に社会派の映画を成功させていた。

二〇二三年十月に公開された映画『月』で私は「企画」とクレジットされているが、事実上のプロデューサーは数々の映画賞に輝く石井裕也監督を説得してメガホンを取らせた河村氏だった。

河村氏は製作中の二〇二二年六月、七十二歳で亡くなった。映画界に参入したのは遅かったので、まさに早すぎる死だった。

KADOKAWAの夏野剛社長は二三年一月の記者会見で「製作中の映画を仕分けして、今後は世の中に大きく受け入れられる映画だけをつくる」と述べた。『月』もその「仕分け」の対象になったことで劇場公開が危ぶまれ、関係者に迷惑をかけていたことが心苦しかった。その映画が出演者やスタッフの力を結集した質の高い作品に仕上がり、その年の映画賞レースの確かな一角を占めたのである。

■一筋の光明を見いだした違憲判決

私をいわば社会の表舞台に引き戻してくれたスターサンズは、そうしたさなか、憲法が保障する「表現の自由」をめぐる訴訟で画期的な判決を獲得した。

文化庁所管の独立行政法人「日本芸術文化振興会」は、スターサンズ製作の映画『宮本から君へ』（二〇一九年公開）に対する助成金の交付内定を、出演俳優による薬物使用事件の有罪確定を理由に取り消した。スターサンズは助成金交付を求めて訴訟を起こし、一審勝訴、控訴審逆転敗訴を経て二〇二三年十一月、最高裁で逆転勝訴が確定したのだ。

原告弁護団は訴訟の実質的争点を「文化芸術に関する表現の自由」（憲法第二十一条）、「文化的な生活を営む権利」（憲法第二十五条）とし、国の姿勢を問う争いと位置付けていた。最高裁は裁判官四人全員一致で「公益を理由とする不交付が広がれば表現行為が萎縮する可能性があり、表現の自由の趣旨に照らしても看過しがたい」との判断を示した。

映画にとどまらず、文芸や漫画などでも関係者の「不正行為」によって公開や出版を見合わせることは歴史的にも数限りなくあった。古今東西、芸術や創作の世界はそうして進展もしてきた。角川映画『人間の証明』でもテーマ曲を歌った歌手が薬物使用容疑で逮捕されたため劇場側が興行を躊躇したが、製作者だった兄の角川春樹の判断で予定通り公開して大ヒットに結び付けた。

河村氏は勝訴確定の吉報を知ることなく他界した。しかし裁判の勝敗もさることながら、彼は当初から憲法を争点にすることを見据え、表現の自由を獲得したことによってコンテンツ産業全分野に大きな貢献を果たした。この判決が映画界にもたらした本当の価値は、新しく映画界に入る制作者に多大な勇気を与えたことだと私は確信している。

私はスターサンズという小さな映画製作会社が困難な訴訟を覚悟しながらも果敢に挑戦して勝訴したことに一筋の光明を見いだした思いがした。これから私が起こす訴訟は極めて厳しいものになるだろう。弘中弁護士からそう言われ、覚悟を問われた。一人相撲で終わるかもしれない。河村氏もまた同じ思いで取り組んだに違いない。

しかし一方で、ある弁護士から言われた「世の中を変えるためのことは少人数から始まるんですよ」という言葉に力づけられた。

『宮本から君へ』勝訴の祝賀パーティーが二三年十二月、東京・渋谷のレストランでささやかに開かれた。気後れしつつ故意に遅れて会場に到着したが、原告弁護団の伊藤真弁護士と平裕介弁護士に会うことができた。

私が提起する訴訟は弘中弁護士を中核に進められるが、その弁護団の編成には私も参加する。最高裁の画期的判決を引き出したスターサンズの原告弁護団メンバーに私の訴訟弁護団に加わってもらいたい。私はそういう覚悟を持ってパーティーに参加したのだ。佐藤優さんの「会長が自分の弁護士になってください」という言葉が私の背中を押した。

弁護団団長には拘置所を出るときに車椅子を押してくれた村山浩昭さんにお願いすることを弘中さんに願い出よう。私はそう決意を固めていた。

そうして人質司法違憲訴訟の弁護団メンバーは、村山団長をはじめ海渡雄一、小川隆太郎、平裕介、西愛礼、水野遼太の六弁護士に決まり、弘中惇一郎、喜田村洋一、伊藤真の三弁護士には顧問団としてバックアップに入ってもらうことになった。

■国内外の世論に訴える

人質司法違憲訴訟は前例がなく、孤独でハードルの高い公共訴訟となるだろう。長期にも及ぶに違いない。

公共訴訟に勝っただけでは、「拘置所の思想」を変えることはできない。訴訟の先に見据えるのは、人質司法そのものを禁じる「人質司法禁止法」の制定である。さらにその犠牲となって地位や名誉、財産を失った人々を救済する補償制度の創設である。

人質司法の見直しを訴える声は近年、にわかに高まっている。

ゴーン事件を機に、二〇一九年には弁護士や研究者ら千十人が署名した『『人質司法』からの脱却を求める法律家の声明』が発表され、翌二〇年には日本弁護士連合会が『『人質司法』の解消を求める意見書』を出した。国際人権NGOなどの活動によって、これまで潜んでいた被害者の声が少しずつ表に出てきた。

数々の被害者の声を聞いて痛感したのは、逮捕された被疑者は刑事弁護に関する情報、人脈、資金が圧倒的に不足しているということだ。身柄を拘束された人が刑事弁護に精通した弁護士にアクセスできるようなシステムを構築できないか。そうして人質司法の被害を未然に防ぐための〝人質司法駆け込み寺〟を私は構想している。

同時に国際人権機関にも呼びかけていく。私の基本的人権は国内法である日本国憲法によって守られている。そして、私たち日本人のほとんどは知らないまま過ごしているが、実は国内法の上位にある国際人権法によっても保障されている。つまり二重の高度な法律によって私たちの人権は守られているのだ。

私は二〇二四年六月、国連人権理事会の下に設置された恣意的拘禁作業部会の個人通報制度に基づいて救済を申し立てた。個人通報制度は自由権規約など国連の人権条約にあり、権利を侵害された個人が各条約の委員会に直接訴えて国際的な場で救済を求める制度だ。しかし、人権条約の個人通報制度に日本は一つも入っていないため、この制度は使えない。

他方、国連人権理事会の恣意的拘禁作業部会は、恣意的拘禁について国連加盟国の問題を広く取り上げており、個人からの通報も受理して検討する制度がある。検討の際には、世界人権宣言などに加えて、当該国が自由権規約を批准していれば、自由権規約が国際人権基準として用いられる。

日本からも難民申請者が入管収容施設に延べ数年も収容されたケースや、カルロス・ゴーン氏が長期勾留されたケースなどについて、恣意的拘禁作業部会が日本の自由権規約違反を指摘する意見書を採択した例がある。

日本の人質司法は自由権規約に違反する「恣意的拘禁」であるとして、日本政府に勧告することを求めていく。通報に対する勧告に法的効力はないが、国内外の世論に訴えることで事態を動かしたい。

私はこれまで二つの法案作りを主導してきた。内閣に設置された知的財産戦略本部における「コンテンツ創造促進法」（コンテンツの創造、保護及び活用の促進に関する法律）と文化庁の文化審議会著作権分科会委員時代の「映画盗撮防止法」である。それぞれほとんど孤立無援の中での実現だったが、法律はその後、先駆的な法制度としてアジア各国に広まった。

これから人質司法禁止法の制定に向けて内外の組織と連携し、世論を喚起していかなければならない。その運動とはつまるところ、「私たちは自分が生きる社会をどのようにしたいのか」という問いかけなのである。

■八十歳からの闘い

二〇二三年十一月七日、東京・紀尾井町のホテルで私の裁判の結団式が開かれた。乾杯の音頭を取った弘中弁護士が開口一番、

「角川さんは一つの歴史的な仕事を引き受けてしまった」と述べた。

刑事事件の被告人は歴史的に大きな役割を担うことがこれまでもあった。「袴田事件」

で大変な苦難を背負った袴田巖さんは、再審の法制度を変えるという役割を担っている。弘中さんが無罪判決を勝ち取った「ロス疑惑事件」の三浦和義さんは、最高裁における名誉毀損の新しい判例を数多く作った。「薬害エイズ事件」の安部英さんは当時の医療水準が医者の過失の基準になることを明確にし、「郵便不正事件」の村木厚子さんは取り調べ時に録音・録画する新しい司法システムの導入を促した。

「角川さんは、国際的にも恥ずべき人質司法を駆逐するという大変大きな役目を歴史から与えられたと思っています」。弘中弁護士はそう結んだ。

保釈後、私はなぜ自分が生きて拘置所を出ることができたかを考え続けてきた。自分が人質司法から生還した意味は何か。残された時間に何ができるか。

海外から「中世のなごり」と批判され、憂慮すらされる日本の司法制度を近代化して、自分と同じ犠牲者を生まないよう死力を尽くす。それは出版人としてメディアに生きた者の責務でもあり、生涯最後の仕事として取り組むに値する。

これまでの人生を振り返ると、自分が生きた出版業界や映画業界で私は「体制内反体制」、すなわち体制の中で反体制として業界を守るために闘ってきたと自任している。

それは決して生易しい闘いではなかった。これから私は体制の外から反体制の狼煙（のろし）を上げることになる。それはいっそう過酷な闘いとなるだろう。

八十歳の私はもう人生の最終コーナーを回った。私の命の火がいつ絶えるかは分からないが、自分の事件をきっかけに人質司法をなくすことができれば、この世に私という人間が存在した価値が見いだせる。父から「おまえは人生を良く生きた」と認めてもらえそうな気がする。

それは角川歴彦が生きたことの人間の証明である。青い理想論かもしれないが、私は自分の人生の最後をそのように生きる。

あとがき

拘置所生活での耐え難い日々を生き抜く支えとなったのは、小菅に足繁く通ってくれた仲間、そして友人たちから贈られてきた激励の言葉と差し入れの数々だった。

なかでも、作家の森村誠一さんの写真は忘れられない。森村さんが力強く拳(こぶし)を握っている写真を目にしたときは胸が熱くなった。言葉を超えて「負けるな。頑張れ」というメッセージを受け取った。

思い出すのは、森村さんの代表作にして七百七十万部の大ベストセラー小説『人間の証明』のセールスプロモーションのことだ。この作品は角川映画の第二弾として一九七七年に映画化され、一大ブームを巻き起こした。当時、私は角川書店の販売責任者として全国縦断サイン会を企画して、森村さんと二週間、全国の書店を巡り歩いた。

森村さんは晩年、老人性うつと認知症という二つの病魔と闘い、見事克服された。しかし、私の保釈からわずか三カ月後の二〇二三年七月、肺炎のため九十歳で他界された。訃報を受けてご自宅に駆けつけたが、拘置所で見た写真の厳しい顔つきとは違って、とても穏やかなお顔で眠られていた。

反骨の作家だった。

人質司法違憲訴訟の提起から国連への訴え、本書の刊行に至る私の闘いを直接お伝えできなかったことが残念でならない。

私は本書のタイトルを「人間の証明」にしたいと思った。

拘置所に差し入れられた森村誠一さんの写真

人間は誰しも人間らしく生きる権利、「生存権」を生まれながらにして持っている。生存権は誰からも、いかなることがあっても侵されてはならない。それは私たちが人間であることの証明なのである。

私はこれから訴訟を通して、日本国憲法や国際人権法が定める「人間が生まれながらに持つ権利」の本質を明らかにし、突然の逮捕から起訴、長期勾留、保釈に至るまで私の基本的人権と尊厳が人質司法という公権力の制度によって侵害されたことを証明していく。

そして、志を同じくする仲間を募って日本社会から人質司法をなくし、その犠牲者を救済していく活動を展開していきたい。

それは今ある日本の刑事司法のあり方を根底から正すことであると同時に、検察官、裁判官、医務官、看守ら刑事司法に関わる一人ひとりの人間性を問い直すことでもある。それをこの書で明らかにしたい。

森村さんの作家生活において特別大事な位置を占める作品のタイトルを使わせて頂くに当たっては、ご遺族の了承を得なければならない。

二〇二四年三月の某日、町田市にある森村さんのご自宅を訪ねた。

まだ納骨前で「主人はまだここにいるんですよ」と森村夫人に促されるままお線香をあげ、仏壇に手を合わせた。

ご長男も同席された場で私は拘置所生活と手記刊行について率直に伝え、今の私の心に最も強く響く言葉「人間の証明」を手記のタイトルに使わせて頂きたい旨お願いした。

しばらく間をおいて夫人は一言、「光栄です」と答えられた。私の思いを受け入れてくださったその言葉に、森村さんに激励された思いがした。悔いなくお別れすることができたと思った。

保釈の身で社会に復帰していいのか、社会で何ができるか、戸惑っている時に声をかけてくださった全ての方に感謝いたします。

事件年表

二〇二二年

八月八日	東京地検が任意聴取。以後、計三回聴取
八月十七日	受託収賄容疑で高橋治之氏ら二人逮捕
九月三日	読売新聞が朝刊一面で五輪汚職のＫＡＤＯＫＡＷＡ関与を報道
九月五日	記者二人による代表取材を受ける
九月六日	贈賄容疑で家宅捜索。ＫＡＤＯＫＡＷＡ担当者二人を贈賄容疑で逮捕
九月十四日	地検から四度目の呼び出し。贈賄容疑で逮捕される
十月四日	贈賄罪で起訴、ＫＡＤＯＫＡＷＡ会長職を辞任
十月五日	第一次保釈請求、翌日却下
十月十七日	第二次保釈請求、二日後却下
十月下旬〜十一月上旬	角川ドワンゴ学園の理事、東京メトロポリタンテレビジョン株式会社の取締役、公益財団法人大宅壮一文庫の評議員を辞任
十一月四日	ＫＡＤＯＫＡＷＡ取締役を退任
十一月九日	慶應義塾大学病院に二泊三日の検査入院 東京拘置所に戻ると、八階病人用フロアに移される

十一月十八日	弁護士接見中、意識が遠のき、車椅子に乗せられ受診
十二月一日	第三次保釈請求、四日後却下
十二月二十日	新型コロナウイルス感染判明

二〇二三年

二月十九日	弁護士接見中、失神
三月一日	慶應義塾大学病院に検査入院。肺炎で高熱発症。入院延長
三月九日	第四次保釈請求、四日後取り下げ
三月十四日	退院して拘置所に再収容
四月十八日	第五次保釈請求
四月二十七日	保釈
四月二十八日	慶應義塾大学病院に入院、五月三日退院
六月十二日	病状が悪化して緊急入院、六月二十一日退院
九月一日	八十歳

角川歴彦（かどかわつぐひこ）

1943年東京都生まれ。早稲田大学政治経済学部卒業後、66年角川書店入社。情報誌やライトノベルなど新規事業を立ち上げ、メディアミックスを推進。角川書店社長、角川グループホールディングス会長、KADOKAWA会長などを歴任。現在、角川文化振興財団名誉会長。著書に『躍進するコンテンツ、淘汰されるメディア』など。